더 센싱

THE SENSING

의심은 사라지고 부는 가까워지는 감각의 기술

더 센싱

이 현 지음

Castingbooks

이미 '더 센싱'에 빚을 지고 있었다

나는 실증적 연구 자료를 기반으로 한 논리를 추구하는 작가이다. 현재 대학원에서 과학적 연구에 집중하고 있으며, 명상을 꽤 오래도록 수련하여 지도자 과정까지 이수하였다. 이런 나에게 주위 사람들은 명상에 대한 여러 질문을 던지곤 한다. 최근 들어서는 이것 저것 질문들이 늘어났는데, 몇 년 전에 듣던 질문과는 그 내용이 상당히 다르다. 요즘 '명상'과 관련하여 자주 듣게 되는 질문은 '시각화 명상'이 무엇이냐는 것이다. 처음에는 잘 모른다고 대답했지만, 점점 이것에 관해 물어보는 사람들이 늘어나면서 나도 호기심이 동했다.

'시각화'라는 키워드를 검색해 보니, 각종 소셜 미디어에서 '챌린지'라는 형태로 실천 기록을 남기는 것이 유행하기도 하고, 유튜브 등에서 이 키워드에 대한 콘텐츠가 하루가 멀다고 올라오고 있다는 것을 알 수 있었다. 인터넷상에 떠도는 콘텐츠를 보면서 솔직히 믿기지 않았다. 목표를 이루는 모습을 상상하기만 하면 실제로 이루어진다니, 얼마나 꿈같은 이야기인가 싶었고, 무작정 긍정적인 생각만 하면 성취와 금전적 풍요로움 등이 자동으로 끌려 온다는 이야기를 볼때면 정말 말도 안 되는 사이비라는 생각이 들었던 것도 사실이다. 삶에서 원하는 바를 이룬 사람들이 공통으로 이야기하는 것 중 하나가 '시각화 명상'이라면, 분명히 아무런 근거가 없는 이야기는 아닐 거라는 생각을 하면서도, 정말 목표를 생생하게 상상만 하면 이루어진다는 이야기를 마음으로 받아들이기 어려웠다. '시각화'라는 것은 아무런 근거가 없는 낭설처럼 들렸다. 그렇다고 해서 무작정 비난할 수는 없으니, '시각화'가 무엇인지 그 실체를 알아봐야겠다고 판단했다.

구체적으로 연구해 보기로 결심하고 과학적 근거를 바탕으로 한 논문과 저널 등을 탐독하기 시작했다. '시각화 명상'의 실체를 알아가며 한 가지 놀라운 점을 발견했다. '시각화 명상'이라는 것을 받아들이기 어려웠던 나야말로 삶 속에서 시각화 명상을 실천하고 있는 사람이었던 것이었다. 나는 매일 자기 전 그다음 날을 멋지게 보내는 나 자신을 상상하며 잠들고자 한다. 많은 사람 앞에 나서야 하는 일이 있을 때는 며칠 전부터 멋지게 발표하는 모습을 머릿속으로 시뮬레이션한다. 다만, 나의 이런 습관들이 '시각화 명상'이라 일컫는 것에 속한다고 생각하지 못했다. 즉, 나의 크고 작은 성취 중 많은 부분은 이미 '시각화 명상'에 빚을 지고 있었다. 이런 사실을 깨닫고 난 뒤, 더더욱 이것에 파고들었다. 최신 뇌과학적 근거와 행동경제학, 심리학적 연구 결과를 읽고 이해하고자 노력했다. '시각화 명상'이라는 것이 유행하게 된 사회적 배경과 맥락도 꼼꼼하게 살펴보았으며, 이것이 정확히 어떤 효과를 주는지 그리고 그 원리가 무엇인지 체계적으로 정리하였다. 올바른 '시각화 명상' 기법 그리고 이것이 제대로 작동하고 있는 상태를 일컬어 'the Sensing'이라고 정의하였다. 'Sensing'이라는 동사를 쓴 이유는 책의 후반부에서 밝혀질 것이다.

    이 책은 '시각화 명상'에 대한 오해를 풀고, 어떻게 하면 이것을 삶 속에서 적용해 나갈 수 있을지 조언하기 위해 쓰였다. '시각화'라는 것의 개념과 정의, 역사, 배경, 최신 연구 결과 등을 종합한 파트 1은 시각화 기법이 사이비나 미신 따위가 아니라는 사실을 명확히 밝혀줄 것이다. 또한, 파트 2에서 다루는 과학적 연구 결과와 이론, 경험적 근거를 토대로 체계화한 '더 센싱 5단계 로드맵'은 확실한 효과가 있을 것이다. 이 책에는 내가 고민하고 연구한 것들을 단 하나도 빼놓지 않고 담았다. 이 책이 부디 당신의 삶에 도움이 되길 희망한다.

목차

Part 2. 부는 가까워지는

Part 1

의심은 사라지고

성공의 비결은
생각보다 단순하다

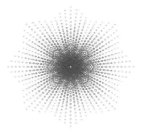

    은행원 H는 주변에서 하는 일마다 다 잘 되는 사람으로 유명하다. 그녀는 스스로 자신은 꿈을 모두 이룬 사람이라고 말한다. 그녀가 은행에서 근무하며 짬짬이 쓴 글을 모아 펴낸 책은 베스트셀러로 등극하여, 무대 위에서 사람들에게 영감을 주고 싶다는 그녀의 오랜 꿈을 실현시켰다. 그녀는 또 어느 날, 프랜차이즈 사업에 뛰어들어야겠다고 결심했다. 굳은 마음을 먹고 인터넷에서 정보를 수집하던 중, 대한민국 국민이라면 모르는 사람이 없을 도시락 프랜차이즈의 거물

K가 운영하는 프랜차이즈 꿈나무 아카데미 모집 공고를 발견했고, 정성을 다해 작성한 지원서를 제출했다. 그리고 결과적으로 K와 직접 만나게 되었다. 시골에서 나고 자란 H는 고등학교 졸업 후 서울로 상경한 이래, 압구정에 있는 모 아파트를 평생 마음속에 품고 있었다. 그리고 지금은 그곳에 살고 있다.

"저는 원래 시골에서 태어난, 말 그대로 '촌사람'이었어요. 그렇지만 누구보다 성공하고 싶었습니다. 고등학교 졸업 후, 서울에 처음 올라왔을 때는 모든 게 별천지 같았죠. 압구정을 지나가면서 언젠간 압구정에 있는 아파트를 살 거라는 꿈을 품었어요. 그리고 지금은 그 꿈을 이루었답니다."

소망하는 바를 모두 성취하고, 원하는 대로 삶을 창조해 나가는 H의 비밀이 궁금했다. 그녀만의 성공 비결을 조심스레 묻는 말에 돌아온 답은 매우 간단명료했다. 그것은 바로 '시각화'와 '비전 보드(자신의 꿈과 목표를 담은 글과 이미지를 한데 모아 일종의 콜라주처럼 만든 보드)'였다.

"저는 진짜 구체적인 목표가 있었어요. 그것을 하나하나 비전 보드에 적어두었죠. 지금까지 갖고 있어요. 그리고 그것을 정말로 단 하루도 빼놓지 않고, 매일 매일 생생하게 상상했답니다."

차를 마시면서 그녀가 꿈을 이룰 수 있었던 보다 구체적이고 실제적인 비법이 무엇인지 연거푸 물어보았다. 혹시 그녀만의 '진짜 비법'은 따로 숨겨두고 있는 건 아닐까 싶어 여러 차례 계속 질문을 던졌지만, 그때마다 돌아온 답은 같았다. '구체적인 목표', '강한 의지' 그리고 '시각화'.

성공의 비결로 시각화 즉, 목표를 매일 매일 생생하게 상상하고 꿈꾸는 것으로 손꼽는 사례는 수없이 많다. 영화배우 짐 캐리(Jim Carrey 영화배우)의 사례는 '오프라 윈프리 쇼'를 통해 이미 널리 알려져 있다. 그는 1979년 스탠드업 코미디언으로 데뷔했다. 데뷔한 직후 제법 주목을 받았고, 1983년에는 TV 방송에 진출했다. 그러나 데뷔하자마자 인기를 얻었던 스탠드업 코미디언 시절과 다르게 배우 생활은 고단

하기만 했다. 무명 배우로 힘든 시절을 전전하며 우울증까지 겪었던 짐 캐리는 1985년 기필코 성공하겠다고 다짐한 뒤, 백지 수표에 10년 뒤의 날짜와 출연료 1,000만 달러를 적었다. 그리고 스스로 발행한 이 수표를 늘 지갑에 넣고 다녔다고 한다. 시간이 흐른 뒤, 1995년에 자신이 발행한 수표의 만기가 도래하기 직전에 불멸의 히트작 '덤 앤드 더머 Dumb and Dumber'에 1,000만 달러 출연료를 받고 계약함으로써 목표를 달성하게 되었다고 한다.

이렇게 스스로 수표를 쓰고, 그것을 정말로 실현한 사람은 또 있다. 바로 2019년 US 오픈 결승에서 18살의 나이로 세리나 윌리엄스를 누르고 우승을 거머쥔 비앙카 안드레스쿠(Bianca Andreescu 테니스 선수)이다. 그녀 역시 15살 때, 그녀 스스로 가짜 수표를 발행하였다. 그때 그녀가 기입한 금액은 다름 아닌 US 오픈 우승 상금에 해당하는 350만 달러였다. 그리고 3년 뒤 정말 US 오픈 대회에서 우승을 차지했다. 팝스타 케이티 페리(Katy Perry 가수) 역시 9살의 나이에 그녀의 꿈을 모두 정리하여 비전 보드를 만들고, 그것과 함께 사진을 찍었다. 그녀는 현재 '그래미 어워드Grammy Awards' 수상을 포함해 어릴 때 만든 비전 보드의 꿈을 모두 실현했다. 영국 패션의 영원한 아이콘이자 전 세계를 누비는 패션사업가인 빅토리아 베컴(Victoria Beckham 가수, 패션디자이너) 또한 자신의 성공 비결로 시각화를 말한다. 그녀는 전 세계 60개국 500여 개 부티크에서 판매되는 브랜드를 일군 성공을 미리 예감했냐는 질문에 늘 자신을 믿고 확신했기 때문에 이런 성공에 대해 기쁘기는 하지만, 그다지 놀랍지는 않다고 말했다.

가난한 미국 이민자에서 영화사에 길이 남을 '터미네이터'라는 캐릭터를 구축하고, 현재는 부동산 재벌이 된 아놀드 슈왈 제너거(Arnold Schwarzenegger 영화배우, 정치인) 역시 시각화를 강조하는 유명 인사 중 하나이다. 그는 아주 어렸을 때부터 그가 원하는 것을 얻게 될 것이라고 굳건히 믿으며, 단한 번도 의심해본 적이 없다고 말한다. 그는 보디빌딩 대회 경기장을 돌아다닐 때 이미 우승자가 된 것처럼 걸어 다녔다고 한다. (참고로, 이 경기는 세계적으로도 유명한 미스터 유니버스 대회였다!) 영화배우로 커리어를 바꾸었을 때도 늘 성공한 영화배우로서의 자기 자신을 생생하게 상상했고, 이것이 결국 그를 성공으로 이끌었다고 말한다.

성공으로 다다르는 지름길이자 핵심 요소로 '매일 매일 성공한 자신의 모습을 생생하게 상상하는 것'의 중요성을 강조하는 사람은 국내에서도 쉽게 찾아볼 수 있다. 한인 기업 최초의 글로벌 외식 그룹 '스노우폭스 Snowfox'를 이끌었던 김승호 회장 역시 그중 한 사람이다. 23세에 미국으로 이민을 간 그는 17년 동안 모두 7개 사업에 도전했으나 모조리 실패했고, 40세가 되었을 때 수중에는 단돈 2,300달러가 남았다고 한다. 그러나 2005년 모 식당 체인점을 6억 원을 분납하는 조건으로 인수한 뒤, 성공 가도를 달려 전 세계 11개국 총매장 약 3,900개 그리고 8,000여 명의 임직원을 둔 글로벌 외식 기업으로 성장 시켰고, 2023년 여름 일본 최대 외식 그룹 젠쇼사를 8,000억원에 매각하여 어마어마한 성공신화를 썼다. 이런 영화 같은 성공 스토리의 비결로 말하는 것이 다름 아닌 시각화이다. 파리를 비롯한 유럽 전역에서 도시락 프랜차이즈로 대성공을 거둔 켈리 최 회장은 자타가 공인하는 시각화 전도사이다. 그녀가 처참한 실패를 겪은 후 재기에 성공하여 글로벌 기업을 일구어낸 비결은 다름 아닌 '구체적인 목표를 설정하고, 목표를 달성한 모습을 매일 매일 또렷하게 상상하는 것'이라고 밝혔다.

이런 이야기, 정확히는 성공의 비결로 '디테일한 목표를 설정하고, 그것을 이미 성취한 자신의 모습을 그려 또렷하고, 생생하게 상상하는 것을 매일 반복하라'는 이른바 시각화를 강조하는 이야기를 들을 때면 여러분은 어떤 생각이 드는가? 고개를 크게 끄덕이며, 역시 '긍정적인 생각', '자기 확신' 나아가서는 '시각화와 끌어당김의 법칙'이야말로 성공의 마스터 키라고 생각하는가? 아니면 아무런 과학적 근거 없이 사람들을 현혹하는 사이비라고 생각하는가? 아마 대부분의 사람이 완전 긍정 내지는 완전 부정이라는 양극단 사이의 어디쯤 위치한 반응을 보일 것이다. 이를테면, '물론, 시각화라는 것이 성공에 영향을 주긴 했겠지만, 더 중요한 요소는 따로 있을 것'이라는 입장이나, '아무리 이런 이야기들을 믿어보려고 해도 이성적으로 생각해 보면 도무지 납득할 수가 없다.'

라는 입장이 대표적이다. 또는 애초에 이런 이야기는 운이 좀 따르는 사람에게나 해당하는 것이고, 도통 인생에 운이라고는 만나본 적 없는 사람의 입장에서는 아무런 의미가 없다고 생각하는 사람도 있을 것이다.

상상의 레이스

이렇게 시각화를 통해 부를 축적하고, 사회적 성취를 거두었다는 사람들의 이야기는 늘 수많은 논쟁을 몰고 다녔고, 갑론을박의 대상이었다. 그렇다면 다음 사례에 대해서는 어떻게 생각하는가? 1993년 독일 자동차 산업의 첨병 슈투트가르트. 까만 머리를 한 동양인 여성이 날렵하게 트랙을 가로지르고 있다. 한 치의 흔들림 없이 한 발 한 발 경쾌하게 내딛는 그녀의 모습에서 자신감이 엿보인다. 최종 골인 지점까지 약 10km가 남았을 때, 그녀의 발걸음이 조금씩 빨라진다. 그녀는 내리막길을 박차고 달려 나간다. 42.195km의 결승점까지 안정적으로 달려 나가 최종 우승을 차지한다. 시상식에 올라 조국의 국기가 정중앙에 오르는 것을 바라보며 세계선수권 마라톤 대회를 마무리한다. 그다음 날에도 그녀는 어제와 동일한 경기장에서 어제와 비슷하게 질주한다. 오늘도 역시 32km 지점을 지나칠 때 피치를 올리기 시작한다. 내리막길의 흐름을 따라 성큼성큼 달려 나간 그녀는 오늘도 금메달을 거머쥔다. 시상식에 올라 국기를 쳐다보는 것까지 어제와 비교했을 때 단 하나의 오차가 없다. 그렇게 슈투트가르트 세계선수권 마라톤 대회를 화려하게 장식한다. 그 다음 날도 까만 머리의 동양인 마라토너는 똑같은 레이스 코스를 달린다. 늘 그랬듯 날렵하게 달리다가 종점까지 10km가 남은 내리막길이 나타나자 스퍼트를 올리기 시작한다. 남은 힘을 폭발시키듯 힘차게 그리고 리듬감 있게 달려 나가 1등으로 들어온다. 매일매일 같은 일이 반복되는 영화 '엣지 오브 투머로우 Edge of Tomorrow' 같은 이야기가 아니다. 이것은 1993년 상반기 동안 일본의 여성 마라토너 아사리 준코의 머릿속에서 매일 매일 이어진 '상상의 레이스'이다. 물론, 그녀는 실제로 1993년 세계 육상 선수권 대회에서 2시간 30분 3초를 기록해 동양인 여성 최초로 마라톤 금메달을 땄다. 그녀가 상상한 그대로 결승이 10km 남은 32km 지점에서 스퍼트를 올려 앞서가던 경쟁자를 추월하고, 선두를 탈환

한 뒤, 우승을 차지했다. 모든 것이 그녀가 상상한 그대로였다. 강렬하게 바라는 목표를 머릿속으로 생생하게 매일 매일 그려내는 시각화의 힘으로 결국 성취를 거둔 또 하나의 사례이다. 아사리 준코의 코치 스즈키 츠구미치는 아사리 준코가 대회를 준비하는 내내 매일 매일 상상했던 것이 금메달이라는 성과의 70~80%를 차지한다고 말했다.

2020년 도쿄 올림픽에서 금메달을 딴 미국의 비치 발리볼 선수 알릭스 클리네만(Alix Klineman 비치발리볼선수) 역시 비슷한 이야기를 한다. 경기를 준비하는 그녀만의 비법을 묻는 말에 그녀는 다음과 같이 대답했다.

"저는 평소 시각화를 하는데, 정말 그 효과가 큽니다. 코트 위에서 다양한 기술을 잘 구사하는 저의 모습을 떠올립니다. 정교하게 기술을 구사하는 과정의 느낌, 모습 등은 저를 긍정적으로 강화해줘요. 저는 생각과 몸에는 어떤 강력한 연결고리가 있다고 믿는데, 많은 사람이 이걸 잘 모르는 것 같아요."

이번에 살펴본 사례에 대해서는 어떻게 생각하는가? 먼저 살펴본 경제적 성공 사례에 대해서는 너무나 많은 의견이 오고 가지만, 방금 살펴본 일화들의 경우 대부분의 사람이 고개를 끄덕인다. 충분히 있을 수 있는 일이라고 수긍하는 것이다. 신체 능력을 발휘하는 스포츠 경기에서 시각화 및 이미지 트레이닝이 큰 역할을 한다는 것에는 더 이상 이견이 없다. 비단 마라톤이나 수영, 역도처럼 다른 참가자와는 기록을 통해 간접적으로 경쟁하는 운동뿐만이 아니다. 위에서 언급했듯 상대방과 치열하게 다투며 직접적으로 경쟁하는 비치 발리볼에서부터 농구, 유도, 종합격투기 등 모든 스포츠에서 시각화의 중요성은 충분히 알려져 있다.

마이클 펠프스의 비디오테이프

스포츠뿐만이 아니다. 최근 들어 인지행동치료의 영역에서도 시각화의 효과를 인정하고, 적극적으로 도입하고 있는 추세이다. 특히, 공황장애와 불안장애와 관련하여 큰 효과가 있음이 증명되었다. 역대 최고의 수영선수이자 수영의 신, 수영황제라는 수식어로도 부족한 살아있는 전설 마이클 펠프스(Michael Phelps 수영선수)는 시각화를 통해 긴장 완화 및 집중력 강화 효과를 톡톡히 본 산 증인이다. 마이클 펠프스는 본래 무척이나 산만했던 소년으로 9살 때 '주의력 결핍 과잉 행동 증후군', 소위 말하는 'ADHD' 판정을 받은 바 있다. 그런 그의 집중력을 세계 최고 수준으로 끌어 올려준 것은 다름 아닌 시각화 기법이다. 펠프스의 수영 코치였던 밥 바우먼은 펠프스에게 긴장을 이완하고, 집중력을 강화하는 훈련을 시키기 위해 늘 집에 가서 잠들기 전, 그리고 아침에 일어나자마자 비디오테이프를 봐야 한다고 가르쳤다. 여기서 말하는 '비디오테이프'는 진짜 비디오테이프가 아니라, 펠프스의 머릿속에서 재생되는 경기 장면을 의미한다. 펠프스는 경기가 시작되면 힘차게 물속으로 뛰어드는 순간, 세차게 물살을 가르는 손동작, 레인 끝을 터치하며 날렵하게 턴을 한 뒤 돌아오는 모습, 경기를 끝내고 수영 모자를 벗을 때의 기분과 느낌까지 수영 시합의 모든 장면을 생생하게 상상했다고 말한다. 꾸준히 시각화를 생활화한 결과, 펠프스는 마음속으로 초 단위까지 정확하게 셀 수 있을 정도로 집중력을 향상할 수 있었다. 펠프스의 사례에서처럼 시각화는 집중력 강화,

긴장 이완의 훌륭한 도구이다.

　이렇듯, 스포츠와 심리치료의 영역에서는 시각화의 효과에 대해 큰 이견이 없다. 그런데 왜 유독 경제적 영역, 비지니스에서만큼은 생생하게 상상하는 것이 가진 힘에 대해 회의적인 시선이 많을까? 혹자는 운동이라는 것은 본질적으로 '혼자서 물리적인 행동을 하는 것'이기 때문에 시각화가 효과를 발휘할 수 있다고 말한다. 이런 주장은 생각과 상상이 물리적인 행동의 성과에 어느 정도 도움을 준다는 사실 자체는 인정하는 것이다. 실제로 생각과 상상이 운동을 비롯한 물리적 행위의 성과에 긍정적 영향을 준다는 연구 결과는 이미 수없이 많이 존재한다. 일각에서는 운동은 상대적으로 변수가 적은 상황이라는 점을 지적한다. 즉, 스포츠에서는 '나'만 잘하면 된다는 것이다. 반면, 비지니스에서는 '나'만 잘한다고 결과가 잘 나오지 않는다. 경제적 성공에 영향을 끼치는 변수는 무한대에 가깝도록 많기 때문에 목표를 매일 매일 생각하는 것만으로는 부족하다고 주장한다. 이런 내용을 정리해보면 다음과 같이 도식화할 수 있다.

	수행 행동의 종류	성공에 영향을 끼치는 요인(=변수) 가짓수	운의 개입	개인의 상황 통제 수준
스포츠	물리적 가시적	상대적으로 적음	상대적으로 적음	높음
비지니스	비물리적 비가시적	무수히 많음	상대적으로 높음	낮음

[표 1] 편의상, 스포츠와 비지니스로 분류하여, 각 영역의 특징을 정리해보았다.

스포츠라는 상황 속에서 개인이 수행해야 하는 행동은 지극히 물리적이고, 가시적이다. 다시 말해, 어떤 행동을 해야 하는지 그 요구사항이 명확하고, 어느 수준으로 행동해야 하는지 그 기준점도 명확하다. 스포츠라는 상황에서는 1등을 하는 것, 금메달을 따는 것, 좋은 기록을 내는 것, 경기에서 이기는 것 등 여러 성공의 모습이 있겠지만, 성공에 영향을 끼치는 요인의 수가 상대적으로 적다. 마라톤 내지는 수영처럼 기록으로 경쟁하는 스포츠의 경우, 자신의 실력과 컨디션, 상대방의 실력과 컨디션, 경기장의 상황 정도가 주요한 변수이다. 이러한 요인 이외에 작용하는 변수를 총칭하여 '운'이라고 정의하였으며, '개인의 상황통제 수준'은 사실상 운과 반대개념이다. 운이 작용하는 수준이 낮으면, 개인의 상황을 통제할 수 있는 수준이 높다는 의미가 된다.

반면, 비지니스라는 상황은 스포츠와는 거의 정반대의 특징을 갖고 있다. 비지니스에서 개인이 수행해야 하는 행동은 비물리적이며, 눈으로 관찰하기 쉽지 않다. (PPT나 엑셀 장표를 만드는 것, 매출 데이터를 분석하는 것처럼 미시적으로 파고 들어가면 가능하겠지만, 이것은 마치 농구 경기에서 3점 슛이라는 행동만 분석하는 것처럼 파편적인 관점이다) 비지니스를 해나가면서 성공에 영향을 미치는 요인의 종류와 수는 당연히 셀 수 없다. 개인의 실력, 인맥, 시대적 흐름, 정부 정책 등등 무수히 많다. 그렇기 때문에 특정한 요인 몇 가지로 정리하기 무척 어려우며, 따라서 비지니스에서는 '운'이 중요하다는 결론이 나오게 된다. '운'의 영향력이 크다는 말을 바꿔 말하자면, 개인이 상황을 통제할 수 있는 수준이 낮다고 할 수 있다. 아이러니하게도 시각화는 오히려 이렇게 수많은 변수가 작용하는 복잡계에서 더 빛을 발한다. 수많은 변수 속에서 운이라는 불가항력적인 작용과 싸우며, 결과를 바로 측정하기 어려운 행동을 지속해 나가야 하는 비지니스 현장에서 시각화는 궁극적으로 성공으로 이끄는 내비게이션 역할을 할 수 있기 때문이다.

2018년 트위터에 올림픽 스키 금메달 리스트 린지 본(Lindsey Vonn)을 향한 재미있는 질문이 올라왔다. 경기 시작 직전에 린지 본이 팔과 몸을 이리저리 흔드는 모습에 대한 질문이었다. "린지 본은 도대체 뭘 하는 거지? 놀이기구 앞에서 호객행위를 하는 할머니 모형 기계 같아!" 린지 본은 이 트윗을 리트윗하며 답했다. "I'm visualizing the course. I'm old but not that old(나는 코스를 시각화하고 있습니다. 나는 늙었지만, 그렇게 늙지는 않았어요)." 경기에 앞서 어떤 코스를 탈지 시각화하는 중일 뿐, 자신은 그렇게 늙지 않았다는 위트있는 대답이었다. 그녀는 매거진 스포츠 일러스트레이티드와의 인터뷰에서 출발 게이트에 도착할 때쯤에는 그 레이스를 어떻게 달리고, 어떻게 턴을 할지, 100번은 상상한다고 말했다. 그렇게 시각화한 코스 그대로 경기를 진행하며, 정확히 상상한 대로 눈길을 질주하는 것이 그녀만의 시각화 기법인 것이다.

20세기 초중반에 처음 등장한 시각화 기법은 최근까지도 비과학적이라는 비판에 직면해야 했다. 과학적 관점에서의 충분한 근거가 부족했기 때문이다. 그 결과, 목표를 떠올리고, 굳게 믿으며, 매일 매일 이미 목표가 이루어진 것처럼 생각만 하면 뭐든 이룰 수 있다는 주장은 '묻지도 따지지도 않고' 맹신해야만 받아들일 수 있는 것이었다. 과학적으로 검증하기 어려운 주장은 확대 재생산되어 종국에는 가만히 앉아 생각만 하면, 인생에서 원하는 모든 것을 다 끌어당길 수 있다는 주술적 믿음도 생겨났다. 이것은 당연히 불가능하다. 그런데 20세기 중반 이후로 눈부시게 발전한 과학 기술은 우리의 뇌를 정밀하게 관찰할 수 있게 만들었다. 뇌 과학의 발전으로 그동안 수없이 회자되었던 시각화의 실체를 조금 더 구체적으로 들여다볼 수 있게 되었다. 그 과정에서 미신으로 치부되고, 각종 오해로 점철되었던 시각화의 진면목을 살펴볼 수 있게 되었고, 그동안 직관적으로는 이해했지만, 정확한 원리를 알기 어려웠던 효과의 원리와 근거도 찾게 되었다.

　　시각화는 우리의 뇌를 바꾼다. 그리고 우리를 성공이라는 지향점으로 이끌어간다. 뜨거운 여름에 튜브를 타고, 바다 위에서 일광욕을 즐겨본 적이 있는가? 가만히 여유를 즐기다 보면 어느샌가 해변에서 멀어진 자신의 위치를 확인하게 된다. 이것을 다른 관점으로 보면, 해변에서 멀어진 것이 아니라 바다의 어느 지점으로 다가가게 되었다고도 할 수 있다. 시각화란 이런 것이다. 아무도 모르는 사이에 어떤 지점으로 우리를 밀어 올리는 것이다. 과거에는 거대한 바다 위의 물결의 흐름은 예측의 대상이 아니며, 그저 수용해야 하는 대상이었다. 그러나 현대 과학의 발전으로 어느 정도는 예측할 수 있게 되었다. 시각화도 마찬가지다. 과거에는 이해하기 어려웠던 원리를 현대에 와서는 어느 정도 이해할 수 있게 된 것이다. 시각화의 근거와 원리를 이해하고, 정확하게 적용하면 삶을 바꿀 수 있다. 마라톤, 수영과 같은 자기와의 싸움에서는 물론, 수없이 많은 이해관계자가 얽히고설킨 비지니스를 비롯한 여러 복잡계의 영역에서도 성공이라는 단 하나의 목표 지점을 향해 흔들리지 않고 나아갈 수 있다.

극심한 회의론자는 시각화가 불안이나 긴장을 완화하고,

나아가 스포츠, 비지니스 차원에서 조금 더 나은 퍼포먼스를 발휘할 수 있도록 도와줄지는 몰라도 애초에 아무런 기회조차 없는, 운이 없는 사람에게는 무의미한 이야기라고 생각할지도 모른다. 그러나 놀랍게도 시각화는 아무런 기회가 없는 상황도 반전시키는 힘이 있다. 구체적인 내용은 앞으로 차근차근 살펴보자.

이 책에서는 무조건적 믿음을 강요하는 교조적 설교 대신에 수십 년간 뇌 과학과 심리학적 연구를 통해 밝혀진 근거를 정확하게 그리고 유기적으로 살펴볼 것이다. 미신으로서의 시각화에서 벗어나 진짜 자신의 삶을 변화시키고, 원대한 목표를 이루는 연료로서의 시각화를 탐구할 것이다. 시각화의 정확한 정의와 효과 그리고 이것을 자신의 삶에 어떻게 적용할지 천천히 알아보자.

생생하게
상상한다는 것

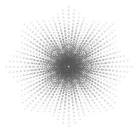

　'시각화'라는 단어를 구글링해보면 똑 부러지는 정의를 찾기 쉽지 않다. 일단 '시각화'라는 단어만 검색하면 '복잡한 데이터를 보기 쉽게 정리하는 기법'을 의미하는 '데이터 시각화' 관련 자료가 쏟아져 나온다. 조금 더 구체적으로 검색하고자 '시각화 명상'이라는 키워드를 입력해보자. 목표를 구체적으로 그리고 상상하라는 내용이 나오고, '창조적 시각화'라는 말이 나온다. 스크롤을 내리고, 페이지를 넘기다 보면, '심상화'라는 용어가 반복적으로 튀어나오는 것을 확인할 수 있다. 조금 더 살펴보면 '끌어당김의 법칙'이라는 것이 나오는데, 설명을 읽어보면 왠지 모르게 '끌어당김의 법칙'과 '시각화'와 별반 다르지 않은 것 같다. 인터넷을 계속 뒤져보면 '긍정 확언'을 해야 한다는 내용이 계속 나타나고, '이미지 트레이닝', '멘탈 리허설', '유도된 심상' 같은 용어들도 나온다. 혼란스럽다.

영미권의 자료가 궁금해서 'Visualization'이라는 영어 단어를 검색해봐도, 한국에서의 검색 결과와 유사하다. 'Data Visualization', 'Creative Visualization' 등 다양한 수식어가 붙은 검색 결과가 나타나고, 조금 더 찾아보면 긍정적인 말을 반복하라는 'Affirmation', 끌어당김의 법칙을 의미하는 'Law of Attraction', 비슷하지만 뭔가 다른 것 같은 'Law of Assumption' 등이 나타난다. 계속 찾아보면, 역시 'Image Training', 'Mental Rehearsal', 'Guided Imagery' 등 한국 내 검색 결과와 유사한 것들이 계속 나타난다. 한 가지 다른 점이 있다면 'Manifestation'이라는 단어가 자꾸 나온다. 한국 내 검색 결과에서는 잘 보이지 않는 키워드인데, 대략적인 영어 설명을 읽어보면 끌어당김의 법칙, 시각화 등과 비슷해 보인다. 혼란스러움이 더 커진다. '시각화'라는 용어를 둘러싼 여러 가지 키워드를 정리해보면 다음과 같다.

[그림 1]

이들 중에는 아직 과학적으로 명확히 규명되지 않은 개념도 있고, 서서히 과학의 영역으로 들어오고 있는 것들도 있다. 또한 같은 의미를 담고 있지만, 주로 쓰이고 있는 영역이 달라 혼란을 가중하는 경우도 있다. 시각화에 대해 깊이 탐구하기에 앞서, 난립하고 또 혼용되는 다양한 용어를 하나씩 정리할 필요가 있다. '시각화'라는 단어가 주로 쓰이는 영역을 정리해보면 다음과 같이 크게 4가지가 있다.

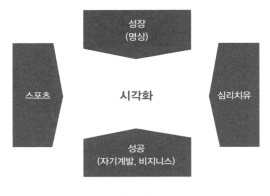

[그림 2]

　각각의 영역에서는 '목표를 구체적으로 설정하고 매우 생생하게 상상한다'라는 시각화의 기본 원리를 목적에 맞게 사용하고 있다. 예를 들자면 스포츠에서는 퍼포먼스 향상, 심리치유에서는 심리적 문제 해결 등이 그 목적이다. 임의로 위와 같이 4개의 카테고리화하였으나 각 카테고리는 사실 유기적으로 연결되어 있다. 가령, 스포츠 영역에서는 주로 퍼포먼스 향상을 위해 시각화 기법을 사용하는데, 이 과정에서 심리 치유적 효과를 기대하는 경우가 비일비재하다. 성장 카테고리 역시 마찬가지이다. 요가나 명상 수련자 역시 진정한 자아 탐구를 위해 시각화 명상을 수련하는데, 이 과정에서 긴장을 이완하기 위해 연습하는 시각화 명상은 심리 치유 영역에서 활용되는 테크닉과 유사한 점이 많다. 시각화라는 개념은 지난 100여 년 동안 다양하게 활용되어왔다. 그렇기 때문에 사실 어떤 카테고리의 시각화 기법이 먼저였는지, 어느 카테고리의 시각화 개념이 어느 카테고리로 영향을 주었는지 따져보는 것은 무의미하다. 이 책에서 본격적으로 탐구하고자 하는 카테고리는 다름 아닌 '성공'이며 보다 세부적으로는 '비지니스'이다. 우리를 성공으로 이끌 시각화 기법의 개념과 뇌과학적 근거를 살펴보기에 앞서 각 카테고리의 시각화를 간략하게 짚어보자.

스포츠 차원에서 시각화는 여러 가지 용어로 변주되어 쓰인다. 가장 보편적으로 쓰이는 말은 '이미지 트레이닝'이며, 외재적인 연습 없이 마음속으로 수행 장면을 상상하는 인지적 연습을 의미한다. 그 외에 '멘탈 트레이닝', '멘탈 리허설', '이미저리Imagery' 등도 그 세부적인 내용은 '이미지 트레이닝'과 같다. 경기력 향상을 위한 시각화의 기원은 러시아로 알려져 있다. 1950년대에 러시아는 올림픽을 거의 지배하다시피 했다. 러시아 운동선수들의 엄청난 실력의 비결은 많은 학자의 연구 대상이었는데, 사실 러시아 선수들의 비밀은 의외로 단순했다. 러시아 운동선수들의 비결은 바로 운동하는 모습을 꾸준히 상상하며, 자신의 퍼포먼스 루틴을 리허설했다는 것이다. 이 사실이 알려지자 '이미지 트레이닝'의 과학적 효과 검증을 위한 많은 연구가 시작되었다. 이미지 트레이닝을 비롯한 정신적 훈련에 대한 가장 권위 있는 책 『Peak Performance: Mental Training Techniques of the World's Greatest Athelets』를 저술한 찰스 가필드 박사는 꾸준한 연구 끝에 정신적 훈련이 실제 육체적 훈련에 도움이 되며, 나아가 운동 퍼포먼스 향상에 큰 도움이 된다는 사실을 과학적으로 밝혀냈고, 이후 다양한 스포츠 트레이닝에 널리 적용되었다. 1984년 올림픽에 참가한 캐나다 선수팀의 경우 선수들 235명 중 99%가 이미지 트레이닝을 한다고 밝혔다.

시각화가 스포츠 퍼포먼스 향상에 도움을 주는 근거는 크게 두 가지가 있다. 먼저 정신 신경근 이론에서는 어떤 운동 장면을 떠올리면, 해당 운동에 쓰이는 신경과 근육이 실제 운동 수행 시에 유사하게 반응한다고 설명하며, 상징학습 이론에서는 꾸준한 시각화가 목표 동작의 '청사진'을 명확하게 만들기 때문에 실제 동작 수행 시 퍼포먼스가 좋아진다고 말한다. 스포츠 심리학 영역에서 시각화의 효과를 증명한 실험 중 가장 유명한 것은 아마도 미국 오하이오 클리블랜드에 소재한 클리블랜드 클리닉 재단 소속의 스포츠 심리학자 광 위(Guang Yue 심리학자)예의 실험일 것이다. 광 위예가 이끄는 연구진은 우선 신체 건강한 청년 30명을 모아, 8명씩 세 그룹으로 나누고, 남은 6명으로 한 그룹을 구성하여 3개월 동안 주 5회, 매일 15분씩 훈련을 진행했다. 첫 번째 그룹은 새끼손가락을 구부리는 운동을 '상상'하게 했고, 두 번째 그룹은 팔꿈치를 구부리는 '상상'을 지시했다. 세 번째 그룹은 아무것도 수행하지 않았으며, 네 번째 그룹은 실제로 손가락을 구부리는 운동을 수행하도록 했다. 훈련 결과 근력이 가장 많이 증가한 그룹은 당연히 실제로 운동을 수행한 마지막 그룹이었다. (이들의 손가락 근력은 53% 증가하였다) 놀라운 사실은 그저 상상만 했던 첫 번째 그룹의 손가락 근력이 35%, 두 번째 그룹의 팔꿈치 근력이 약 13% 증가했다는 것이다.

국내에서도 이미지 트레이닝에 대한 연구가 활발히 진행되고 있으며, 다양한 종목의 스포츠선수들이 시각화의 효과에 대해 경험적인 근거를 갖고 접근한다. 다만, 국내 스포츠 심리학계에서는 '시각화'라는 표현보다는 '심상화'라는 표현을 주로 사용하는데, 심상은 '시각을 포함한 모든 감각을 활용해 만들어 낸 마음속의 경험'을 의미한다. 마음(심心)에 형상(상狀)을 떠올린다는 뜻이다. 눈에 보이는 장면뿐만 아니라, 들리는 것, 느껴지는 것 등 모든 감각을 총동원해서 이미지를 창출해야 한다는 점에서 보다 명확하게 의미를 전달하는 표현이라 할 수 있다.

영적 성장과 심리 치유 차원에서의 시각화가 발전해온 역사와 맥락은 거의 겹친다고 볼 수 있다. 이집트에서도, 티베트에서도 시각화는 이미 기원전부터 사용되고 있었다. 고대 이집트에서는 꾸고 싶은 꿈의 이미지를 자기 전에 생생하게 그리다가 잠드는 '꿈 배양 기법'이 쓰였고, 이는 기원전 5세기 고대 그리스에 와서 유행하게 되었다. 티베트의 경우, 신과 만나고 만물과 합일하기 위한 명상적 기법으로서 시각화가 활용되었다. 여러 명상 기법을 들여다보면, 그중에는 관상법이라고 하는 것이 있다. 이 관상법을 보통 'Visualization' 즉, '시각화'라고 번역하는데, 이 역시 앞서 스포츠 차원에서 시각화를 설명할 때 언급했듯, 모든 감각을 이용해 이미지를 떠올리는 것이다. 천주교에서 도상(종교나 신화적 주제를 표현한 미술 작품에 나타난 인물 또는 형상)이나 모형을 통해 시각화하고 마음속에 품는 기도 또는 종교와 무관하게 밝고 강렬한 빛을 상상하고 빛을 받아들이는 이미지를 상상하는 것 역시 모두 같은 맥락의 수행법이다.

고대에 명상의 기법으로 사용되었던 시각화는 생생한 이미지를 떠올리는 것만으로도 심리적 치유 효과가 있다는 것이 경험적으로 밝혀지면서 18세기, 19세기를 거치며 최면 치료기법 등에서 주로 트라우마 기억 해소를 위해 쓰였다. 현대에 와서는 인지적, 행동적 치료기법에서 폭넓게 활용되고 있으며, 최근에는 심리적 문제를 넘어 스트레스 등을 이유로 생겨나는 신체적 질병을 치료하는 차원에서도 연구되고 있다. 시각화를 검색하다 보면, 자주 마주치게 되는 '유도된 심상 Guided Imagery' 역시 심리 치유 기법이다. 유도된 심상화란 말 그대로 치료자가 특정한 심상을 유도하는 심신 중재요법으로 불안장애 등에 탁월한 효과를 보인다고 알려져 있다. 지금껏 스포츠, 영적 성장, 심리 치유 차원에서 시각화가 어떻게 이용되고 있는지 간략하게 짚어보았다.

1. 시각화라는 단어는 스포츠, 일상생활, 비지니스 등 각 영역에서 두루 쓰이며, 각 분야에서의 기원은 조금씩 다르다.

2. 스포츠 영역에서는 1950년대 러시아 운동선수들의 정신적 훈련법을 연구한 것이 시초이다.

3. 시각화는 기원전부터 종교적 수행의 일환으로 영적 성장을 위한 도구로 사용되었다.

4. 심리치료 관점에서 시각화의 효과가 검증되어 불안장애 등을 치료하기 위한 심리치료 테크닉으로 발전한 것으로 '유도된 심상화 Guided Imagery' 등이 있다.

앞으로 이 책에서 구체적으로 살펴볼 비지니스 차원에서 성공에 도움을 주는 시각화와는 별개로 현대인의 고질적인 스트레스, 불안 등을 완화하고 집중력을 증진하는 데 도움을 준다는 점에서 시각화는 이미 그 가치가 충분하다.

성공학의 역사

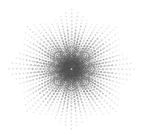

드디어 핵심 영역이다. 이제 스포츠, 영적 성장, 심리 치유 등을 넘어 우리의 삶 전반에서 원하는 바를 성취하는 데 도움을 줄 시각화에 대해 살펴보자. '비지니스', '성공', '자기 계발'의 관점에서 '시각화'를 검색하다 보면 눈에 띄는 단어가 있다. 바로 '끌어당김의 법칙', '현현Manifestation', '확언' 그리고 '창조적 시각화'이다. 우선 각 용어가 무엇을 의미하는지 알아보자.

끌어당김의 법칙과 현현

시각화와 관련된 용어 중 가장 유명한 것은 '끌어당김의 법칙'일 것이다. 이 법칙이 무엇을 뜻하는지 모르는 사람은 있을지언정, 이 법칙을 들어보지 못한 사람은 없을 것이다. 인터넷상에서 또는 수많은 성공학 서적에서 '끌어당김의 법칙'은 '비슷한 것들끼리는 마치 자석처럼 서로서로 끌어당긴다'는 의미라고 말한다. 그렇기 때문에 지금 우리의 곁에 있는 것들은 우리가 생각하고 상상한 내용이 끌어당긴 결과물이라는 것이다. 이러한 내용이 구전되면서 조금씩 변주되어, '생각만으로 삶과 세상을 바꿀 수 있다', '내가 원하는 대로 모든 것을 끌어올 수 있다' 등의 내용으로 알려지기도 했으나, 그 최초의 의미를 가장 잘 표현한 문장은 'Like attracts like, 비슷한 것들끼리 끌어당긴다'이다. 국내에는 2006년 『시크릿The Secret』이라는 세계적 베스트셀러를 통해 소개되었다.

'끌어당김의 법칙'의 유래를 찾아보면 19세기로 거슬러 올라간다. 1800년대 중반 활동했던 미국의 시인 겸 작가이자 철학자였던 랄프 왈도 에머슨(Ralph Waldo Emerson 사상가, 시인)은 정신과 물질의 관계를 연구했다. 그의 영향을 받아 인간의 내면에는 '신성의 불꽃 A Spark of the Divine', 요컨대 신이 내린 굉장한 잠재력이 숨겨져 있다는 사상이 나타났고, 이런 사상이 이어져 긍정적인 생각으로 몸과 마음을 치유할 수 있다는 믿음이 생겨났다. 이것에 강한 영향을 받은 사조가 바로 '신사고 운동 New Thought Movement'이다. 이 운동의 핵심적 메시지는 두 가지이다. 첫째, 우주의 본질, 즉 신은 다름 아닌 인간의 정신에 있다. 둘째, 나의 정신이 우주와 조화를 이루며 온 우주가 나를 중심으로 운행한다. 19세기 후반 및 20세기 초반에 들어 이런 신비적 믿음은 세속적 성공과 결합하여 긍정적으로 생각하며 성공을 추구하면 실제로 그렇게 될 것이라는 메시지를 만들어 냈다. '신사고 운동'은 1910~30년대에 절정의 인기를 누렸고, 수많은 사상가, 철학자, 작가들에게 영향을 주었다. 긍정적 사고와 믿음을 통해 성공을 일구는 일련의 과정을 연구하는 노력이 모여 '성공학'이라고 하는 하나의 체계를 이루게 되었고, 이것은 현대 자기계발서의 원류가 되었다. 이 당시 성공을 위한 동기부여와 긍정적 사고 및 자기 계발 관련 서적이 끊임없이 출간되었는데, 이들 중 몇몇은 오늘날까지 지속적인 인기를 얻고 있다.

1906년 변호사 겸 작가였던 윌리엄 워커 앳킨슨(William Walker Atkinson 변호사, 작가)은 과도한 스트레스에 시달리다가 건강과 경제적 안정성까지 모두 잃게 되었다. 이를 계기로 '신사고 운동'의 사상을 적극 받아들인 그는 1906년 『매력, 끌리는 사람의 숨겨진 힘 Thought vibration on the law of attraction in the thought world』라는 책을 펴냈다. 어쩌면 '끌어당김의 법칙'이라는 말을 거의 최초로 사용한 사람이었을지 모른다. 그는 '끌어당김의 법칙'에 대해 상당히 과학적인 접근을 하려고 노력했는데, 그가 살았던 시대에 최첨단 신경과학의 연구 결과는 바로 사람이 생각할 때 뇌의 온도가 상승한다는 것이었다. 그는 이 발견에 근거해 생각은 파장 형태의 에너지를 만들고, 방출하고, 또 유사한 파장을 가진 것을 끌어당긴다는 법칙을 주장하였다.

1910년은 윌러스 워틀스(Wallace D. Wattles 작가)가 『부자가

되는 과학적 방법 The Science of Getting Rich』이라는 고전을 출간한 해이다. 이 책 역시 '생각의 힘'을 강조하며, 더불어 감사하는 태도의 중요성, 무언가를 창조해내려는 의지의 중요성을 역설했다. 이 책은 공전절후의 대히트를 치며, 현대에 와서도 꾸준한 인기를 누리고 있다. 그로부터 2년 뒤, 찰스 해넬(Charles F. Haanel 경영인, 사업가)은 '끌어당김의 법칙'을 보다 실제적으로 연습할 수 있도록 구조화한 책을 출간하였다. 바로 『성공의 비밀을 밝히는 마스터 키 시스템Master Key System』이라는 책은 본래 24개 과정으로 이루어진 통신 강의 자료였다. 수강생에게 매주 1회씩 전송하던 내용을 모아 한 권의 책으로 펴낸 것이다. 이 책은 일종의 경전 같은 구성을 띠며, 생각의 힘, 잠재의식 계발 방법, 삶의 태도, 배움의 자세, 주인의식, 행동의 중요성 등을 총체적으로 다루고 있다. 이 역시 큰 인기를 끌며 당대의 많은 사상가와 작가들에게 영향을 주었다. 현대 자기 계발 분야의 아버지로 불리는 나폴레온 힐(Napoleon Hill 작가) 역시 이 시대를 살았던 사람이다. 기자였던 그는 1908년 당대 최고의 부자 앤드류 카네기(Andrew Carnegie 미국의 기업인)와 만나게 된다. 나폴레온 힐의 날카로운 통찰력을 높이 산 앤드류 카네기는 자신이 연줄이 있는 부자들을 소개해줄 테니 그들을 인터뷰하여 보편적인 성공의 원칙을 연구해 보면 어떻겠냐는 제안을 한다. 몇 초간 망설임 끝에 제안을 수락한 그는 그 후로 500명이 넘는 부자를 끈질기게 인터뷰하여 성공의 법칙을 발견했고, 『생각하라 그리고 부자가 되어라 Think and Grow Rich』라는 책으로 펴낸다. 흥미로운 사실은 나폴레온 힐 역시 성공한 사람들의 공통점으로 '끌어당김의 법칙'을 발견해 냈다는 것이다. (지금까지 소개한 책들을 포함하여 이 당시에 출판된 많은 책이 이미 국내에도 다수 번역되어 출판되어 있다)

이렇듯 1900년대 초중반에 걸쳐 지속된 연구와 고민으로 정교화된 '끌어당김의 법칙'은 그 인기를 계속 이어갔다. 1991년 출판된 『당신 안의 거인을 깨워라』 역시 '끌어당김의 법칙'과 종교적 믿음을 효과적으로 결합한 내용을 다루었고, 2006년에 와서는 호주의 TV 프로듀서 론다 번(Rhonda Byrne 방송작가, 전 PD)이 저술한 『시크릿』이 전 세계적으로 폭발적인 인기를 끌었다. 론다 번은 이혼 이후 직장 생활에서 큰 위기를 겪으며, 연이은 불행으로 힘들어하던 시기에 월러스 워틀스가 저술한『부자가 되는 과학적 방법 The Science of Getting Rich』를 만나게 된다. 월러스 워틀스의 책을 읽으며, 긍정적인 생각이 자신이 원하는 바를 끌어당긴다는 사상에 매료되었고, 이 사상과 관련한 동서양의 여러 철학을 탐닉하며 자료를 수집하였다고 한다. 그녀는 2005년 미국으로 건너가 소위 말하는 '성공한 사람들'을 직접 만나 인터뷰하여 '시크릿'이라는 이름의 다큐멘터리를 제작하기 시작했다. 6개월 만에 제작을 마치고 다큐멘터리를 공개할 방송사를 섭외하려 했으나, 실패하고 만다. 결국 애써 제작한 다큐멘터리를 방송해줄 곳을 찾지 못하고, 2006년 3월 그녀 자신의 웹사이트를 개설하여 DVD 판매를 시작했다. 비욘드 워즈 출판사의 신시아 블랙 대표는 우연히 론다 번의 웹사이트를 보고, 동명의 제목으로 출판할 것을 제안하고, 결국 그해 11월 말 동명의 책을 세상에 선보였다.

이 책은 오프라 윈프리 쇼에 소개되는 등 선풍적인 인기를 끎과 동시에 그에 못지않은 수많은 비판을 받았다. 비판의 골자는 아무런 과학적 근거가 없는 사이비라는 점이었다. 아직 과학적으로 명확하게 규명되지 되지 않은 부분은 마치 진실인 양 포장했다는 비판을 받았다. 그렇다면, '끌어당김의 법칙'을 정말 사이비이며, 유사 과학에 불과할까? 반은 그렇고, 반은 아니다. 만약 '끌어당김의 법칙'을 생각에만 몰두해 있으면 원하는 것이 끌어당겨져 오고, 온 우주의 모든 것이 다 이루어진다는 의미로 이해하면, 그것은 분명히 미신이다. 당연히 가만히 앉아서 생각만 한다고 이루어지는 일은 없다. 안타까운 사실은 20세기 초 '끌어당김의 법칙'이 전달하려는 본연의 메시지와는 다르게 현대에 와서는 '끌어당김의 법칙'이 생각의 진동, 에너지, 파장, 우주 등 신비주의적 관점으로 이해되고 있다는 사실이다.

앞서 살펴본 수많은 사상가가 주장한 내용과 맥락을 잘 살펴보면 '끌어당김의 법칙'은 사실 대단히 체계적인 자기계발 방법론이다. '생각의 힘'을 강조하지만, 그것 하나만을 강조하는 것이 절대 아니다. 숱한 의심에도 불구하고 많은 사람이 '끌어당김의 법칙'을 믿고 따랐다. 그리고 자신의 성공의 비결을 '끌어당김의 법칙'으로 돌리는 사람이 분명히 있다. 이들은 사이비 믿음에 속아 넘어간 것일까? 그렇지 않다. '끌어당김의 법칙'은 신비주의적이고, 유사 과학적인 측면을 제거하고 바라보면 매우 체계적이고, 합리적인 성공 철학이기 때문이다. 나아가 뇌 과학 및 심리학적 관점에서도 객관적인 근거가 존재한다. 사이비적인 내용을 모두 발라낸다면, '끌어당김의 법칙'은 다음과 같이 정의할 수 있다.

"목표로 하는 바를 명확히 설정하고, 이에 대해 긍정적인 태도로 총력을 기울이며, 적극적으로 행동하면, 목표를 실현할 수 있다."

이것을 도식화하면 다음과 같이, 세 가지 구성 요소로 이루어진다.

$$\text{성공Success} = \text{긍정성Positivity} \times \text{초점Focus} \times \text{행동Action}$$

'끌어당김의 법칙'의 핵심 축 중 첫 번째는 '긍정성'이다.

여기서 말하는 '긍정성'은 매사 낙관적으로 생각하라는 의미가 아니다. 세상을 있는 그대로 긍정하며, 열린 마음으로 받아들이라는 의미이며, '개방성'이라는 의미를 포함한다. 다시 말해, 삶을 살아가면서 자신에게 찾아오는 것들을 무조건 배척하지 않고, 열린 마음으로 받아들이는 자세를 말한다. (물론 보편적으로 생각하는 '긍정성' 역시 요구된다) 만약 이런 '긍정성'이 없다면, 자신의 삶에 다가오는 것들을 끌어당기기는커녕 되려 밀어내고 말 것이다. 두 번째는 '초점'이다. 많은 '끌어당김의 법칙' 관련 서적에서 '의도'라는 개념을 중요하게 다룬다. 여기서 말하는 '의도'는 정확히 생각과 감정과 등 심리적 에너지를 쏟는 지점을 의미한다. 마지막으로, '행동'이다. 너무나 당연한 요소이면서 많은 사람이 '끌어당김의 법칙'을 생각할 때 놓치는 요소가 바로 '행동'이다. 목표를 실현하는 것은 결국 행동인 만큼, '끌어당김의 법칙'의 화룡점정은 다름 아닌 '행동'이다. 흔히 열심히 한다고 해서 꼭 잘 되는 것은 아니라는 말은 한다. '열심히 하는 것'은 행동이요. '잘 되는 것'은 성공이다. 그리고 이 둘 사이의 연결고리를 만드는 것들이 바로 앞서 언급한 '긍정성'과 '초점'이다.

　나폴레온 힐의 『생각하라 그리고 부자가 되어라 Think and Grow Rich』를 읽다 보면, '이력서를 작성하는 기술'에 대해 공들여 설명한 부분이 나온다. 이 지점이 바로 '끌어당김의 법칙'이 가만히 앉아서 장밋빛 미래만 꿈꾸는 것이 아니라는 증거이다. 현대적 관점에서 생각해 봤을 때, 취업을 희망하는 청년이 '끌어당김의 법칙'을 실천한다는 이유로 단순히 낙관적인 생각만 하며 아무런 행동도 하지 않는다면 어떤 결과가 생길까? 아무 일도 일어나지 않는다.(물론 우연히, 아주 우연히 어찌어찌 취업하게 될 수도 있긴 할 것이다) 빠르게 성공하는 길은 역시나 '긍정적인 생각을 하면서 목표로 하는 회사를 확실히 정하고, 전략적으로 행동'하는 것이다. '끌어당김의 법칙'을 생각만으로 모든 것 이룰 수 있다는 메시지로 전달하는 이유는 무엇일까? 바로 보다 손쉽게 성공하고 싶은 욕심을 자극하기 위함이다. 인고의 시간과 뼈를 깎는 노력 없이도 소망하는 바를 모두 이룰 수 있다고 믿고 싶기 때문이다. 그러나, 그런 일은 절대적으로 불가능하다.

'끌어당김의 법칙'이라는 것이 어떻게 보면, 자기 계발을 하는 모든 방법을 통틀어 이야기하는 것과 같은 것 아닌가 하는 의문이 생길 수 있다. 맞다. '끌어당김의 법칙'과 '자기 계발 분야'는 거의 동일한 역사를 갖고 있다. 한마디로 '끌어당김의 법칙'은 자기 계발의 알파이자 오메가이다. 현대에 출판되는 모든 자기 계발 서적은 모두 '끌어당김의 법칙'의 일부이다. 예를 들어, 주식투자 전략을 논하는 책은 '주식투자 성공'이라는 목표를 향해 어떻게 행동할지에 대한 것이다. 미라클 모닝이라거나 루틴이라거나 하는 '습관 개선'에 대한 책들 역시 마찬가지이다. 계획의 중요성과 삶의 목표를 세우는 수많은 방법론, 진로에 대한 조언을 담은 책들은 결국 '의도'에 대한 책이며, 사고방식에 대한 책들은 당연히 '긍정성' 차원에 해당한다.

'끌어당김의 법칙'이라는 개념이 처음에 나왔을 때는 앞서 언급한 대로 '비슷한 것들끼리 서로 끌어당긴다'라는 의미가 강했다. 즉, 목표를 이루기 위한 특정한 방향성을 가진 행동 원칙이라기보다는 일종의 자연 현상을 설명하는 대전제 같은 것이었다. 이런 대전제가 자신의 삶에서 발현되도록 하는 방법론, 즉 '끌어당김의 법칙'을 실현하기 위한 구체적인 방법론을 의미하는 단어가 'Manifestation'이다. 이 단어는 국내에서는 많이 쓰이지 않지만, 영미권에서는 매우 자주 쓰인다. 한국에서 '나는 끌어당김의 법칙을 실행하고 있어'라고 말하는 것이 영미권에서는 'I practice manifestation' 또는 'I do manifest'라고 할 수 있다. 'Manifestation'이라는 단어를 번역하면 '표현', '현현' 등으로 번역할 수 있으며, 이는 곧 자신이 원하는 바를 삶 속에서 나타나도록 하겠다는 의미를 담은 것이다. 용어를 설명하기 위해 '끌어당김의 법칙'과 엄밀하게 구분하였지만, 이둘은 사실상 같은 의미나 마찬가지이며 혼용되고 있다.

지난 2021년 구글은 'Manifest' 관련 검색어가 전년 대비 400% 증가했다고 밝혔으며, 전 세계 최대의 사진 공유 플랫폼인 '핀터레스트' 역시 팬데믹 기간 동안 'Manifestation techniques'라는 키워드가 105% 증가했다고 밝혔다. 인스타그램에서 'Law of attraction'으로 해시태그를 검색해보면, 2022년 기준 1,400만 개에 달하며, 'Manifest'는 710만 개, 'Manifestation'는 790만 개, 'Manifesting'는 300만 개에 달한다. 이는 정말 어마어마한 숫자인데, 심지어 틱톡에서는 'Manifestation'의 해시태그 수가 130억 개에 달한다. 왜 갑자기 팬데믹 기간에 이것들에 집중하기 시작했을까? 그 답은 1994년 이스라엘에서 진행된 연구에서 찾을 수 있다. 지오라 케이난(Giora Keinan 교수) 교수가 이끄는 텔 아비브 대학교 연구팀은 174명의 이스라엘 시민을 대상으로 진행한 리서치를 통해 '끌어당김의 법칙', 'Manifestation' 등 이런 초월적이고 환상적 사고가 현실을 이겨내는 데 도움을 준다는 사실을 발견했다. 즉, 코로나 바이러스로 조성된 극도의 불안감이 지속되는 시기에 스스로 보호하는 최적의 방법이 바로 'Manifestation'이었던 것이다. 틱톡에서는 아직 일상생활 속에서 'Manifestation'을 실천하는 모습을 인증하는 챌린지가 유행하고 있다.

창조적 시각화 Creative Visualization

'끌어당김의 법칙'과 'Manifestation'이 성공 철학 체계라면, 시각화는 그 안에 있는 여러 구체적 방법론 중 하나이다. 1968년은 어찌 보면 북미권에서 명상의 대중화의 초석이 마련된 해였다. 현대 음악사에 거대한 족적을 남긴 비틀즈가 인도로 명상 수행을 떠났기 때문이다. 비틀즈는 그 당시 세계적으로 인기를 끌던 인도의 영적 스승이자 초월명상을 창시한 마하리시의 명상 센터에 방문하여 명상 훈련에 몰입하였다. 두 달 동안의 명상 경험을 통해 주옥같은 곡을 만들었다고 알려져 있다. 비틀즈로 인해 인도의 명상 문화는 한층 더 주목받게 되었다. 과학자는 명상의 이완 효과에 주목했고, 히피들은 명상을 통한 정신적 즐거움에 심취하였다. 누군가는 인도의 고대 사상에 관심을 보였고, 성공 철학과 연결 짓는 것을 시도하기도 했다. 성공 철학의 관점에서 'Visualization' 즉, 시각화라는 단어를 유행시킨 사람은 1948년 뉴저지에서 태어난 캐롤 루이자 거웨인(Shakti Gawain 작가)이다. 그녀는 스티브 잡스가 다니다 중퇴한 것으로 유명한 포틀랜드의 리드 칼리지를 재학 중, 캘리포니아대학교 어바인 캠퍼스로 편입 후, 무용 학사를 취득하였다. 졸업 후 2년 동안 유럽과 아시아 전역을 여행했던 그녀는 미국으로 돌아와 샌프란시스코에 자리를 잡았다. 영적 성장, 자기 계발 등에 지대한 관심을 가졌던 그녀는 자신의 길을 정하고 이름을 'Shakti'로 바꾸었다. (요가와 명상을 수련하는 사람들이라면 이 '샥티'라는 이름이 익숙할 텐데, 산스크리트어로 여성적 창조성 등을 의미하는 그 샥티이다) 이름을 바꾼 뒤, 그녀가 연구하고 추구하는 영적 성장론에 대해 소규모 워크숍을 진행하다가, 독립출판사를 세우고 그녀의 철학을 총정리하여 1978년 『간절히 원하면 기적처럼 이루어진다. Creative Visualization』이라는 책을 출판한다. 그녀는 애초에 별다른 생각 없이 소량만 인쇄했다고 했으나, 입소문을 타고 널리 퍼져나가 전 세계적으로 700만 부에 달하는 판매량을 올렸다고 알려져 있다. 그녀가 처음 유행시켰다고 할 수 있는 'Creative Visualization'은 그 이후로도 계속 인기를 끌었고, 현대에 와서는 이 시각화에 대한 뇌과학적 연구가 지속적으로 이루어지고 있다.

이 'Creative Visualization'이라는 용어는 'Creative(창조적)'라는 단어에서 주는 왠지 모를 영적인 뉘앙스를 피하기 위해서인지 또는 이름이 길어서인지 현재에는 '창조적'이라는 단어는 생략하고 주로 시각화로 줄여 쓰인다. 그러나 이 시각화라는 단어 역시 또 다른 오해를 낳았는데, '시각'이라는 단어의 사전적 의미 때문인지 시각화를 단순히 눈에 보이는 것처럼 상상하는 것으로 제한하여 생각하게 된다는 것이다. 샥티 거웨인의 책을 꼼꼼히 읽어보면, 원하는 목표가 실현되어 눈 앞에 펼쳐진다는 의미로 'Visualize'를 쓴 것으로 보인다. 그녀의 저서는 다음 문장으로 책을 시작한다.

"Creative visualization is the technique of using your imagination to create what you want in your life."
"창조적 시각화는 상상력을 이용해 당신의 삶 속에서 원하는 것을 창조해내는 기술이다."

시각화는 상상할 수 있는 모든 것을 상상해야 한다. 시각에 국한하지 않고, 오감을 총동원하여 자신이 소망하는 바를 상상해 내는 것이다. 이 책의 서두에 소개한 아사리 준코 역시 단순히 마라톤 대회에서 1등으로 들어오는 시각적인 이미지만을 떠올린 것이 아니며, 냄새, 소리, 발이 지면에 닿는 느낌 등 오감을 모두 활용하여 성공의 순간을 상상했다고 말했다. 앞서 스포츠 차원에서의 시각화를 설명할 때 잠시 언급했듯, 시각화의 본질을 고려해보면, 심상화라는 표현이 더 정확하게 느껴진다. 심상이란 마음속에 떠오르는 구체적이고 선명한 인상을 말하는데, 이것이 바로 우리가 시각화를 통해 떠올리고자 하는 것이기 때문이다. 2000~2010년대에 『시크릿』을 비롯하여 '끌어당김의 법칙', 시각화를 주제로 한 책들이 많이 번역되었는데, 이 당시 번역을 살펴보아도, 위와 같은 맥락을 고려한 것인지 'Visualization'이라는 단어를 '창조적 영상화', '영상화', '그림 그리기' 등으로 번역한 흔적이 있다. 핵심은 시각화라는 것이 꼭 '시각적인 이미지'만을 떠올리는 것이 아니라는 점이다. 시각화와 관련한 구체적인 메커니즘과 방법은 이 책의 후반부에서 자세히 살펴보도록 하자.

긍정 확언 Affirmation

시각화를 둘러싼 여러 개념을 거의 다 정리하였다. 마지막으로, 놓치지 말아야 할 것이 바로 '긍정 확언'이다. 긍정 확언은 자신이 도달하고 싶은 목표를 확신과 긍정성을 갖고, 현재형으로 자신에게 말해주는 것이다. 'Affirmation'은 본래 '견고하게 하다'라는 뜻을 가진 라틴어 'firmare'에서 기원하였다. 즉, 자기 자신을 견고하게 만든다는 의미이다. 예시를 들어보자면 이렇다. 만약 부자가 되는 것이 목표라면, '나는 이미 부자이다.'라고 목표가 완성된 상태를 긍정성과 확신을 갖고, 자신에게 계속 속삭여 주는 것이다. (물론 여기에도 세부적인 테크닉이 있다. 이를테면, '부자'라는 막연한 목표보다는 정확한 금액을 함께 언급하여 최대화 구체화할 것, 반드시 현재형으로 이야기할 것 등이 있다)

최근 한국에서는 매일 매일 긍정 확언을 실천하는 챌린지가 유행하기도 하고, 긍정 확언의 방법론을 알려주는 유튜브 영상도 큰 인기를 끌고 있다. 긍정 확언을 이해할 때 반드시 짚고 넘어가야 하는 부분이 바로 긍정 확언과 시각화는 별개가 아니라는 점이다. 긍정 확언 역시 샥티 거웨인의 저서에서 굉장히 중요하게 언급되는데, 그녀의 저서에 따르면, 긍정 확언은 시각화의 가장 중요한 요소 중 하나이다.

"Affirmations are one of the most important elements of creative visualization."
"긍정 확언은 창조적 시각화의 가장 중요한 요소 중 하나입니다."

다시 말해, 시각화를 연습하고 실천한다는 것에는 스스로 긍정성을 불어넣어 주는 긍정 확언이 반드시 포함되어 있어야 한다는 의미이다. 긍정 확언 역시 다양한 이름을 갖고 있다. 자기 암시문, 자성 예언, 자기 긍정 등 다양한 이름으로 불리우며, 긍정 확언의 메커니즘을 해석하는 여러 심리학적 개념도 존재한다. 자기실현적 예언, 피그말리온 효과 등이 대표적이다. 이것들은 본래 교사가 학생의 학업 성취에 대해 기대하는 것이 실제 성취 수준에 영향을 미치는 효과를 의미하는데, 긍정 확언은 자기 자신이 스스로 기대감을 주어 학습 능력을 높이는 방식이라고 해석된다.

지금껏 시각화를 둘러싼 많은 개념을 살펴보았다. 시각화, '끌어당김의 법칙', '현현 Manifestation', '긍정 확언' 등은 모두 유기적인 관계로 상호 간에 긴밀히 연결되어 있다. '끌어당김의 법칙'이 긍정성과 초점 그리고 행동으로 구성된 자기 계발 및 성공에 대한 하나의 철학적 체계라면, '현현 Manifestation'은 그 안에서 목표를 달성하기 위한 각종 방법의 총론이라고 할 수 있다. 나아가 시각화는 그런 '현현 Manifestation'의 대표적인 방법이며, 긍정 확언은 시각화의 구성 요소이다.

다르게 말하면, 목표 설정 및 긍정 확언 등의 구성 요소로부터 시작되는 시각화 기법은 '현현 Manifestation'을 실천하는 구체적 기술로서 삶에서 긍정적 성취를 일구어낸다. 그리고 '끌어당김의 법칙'이라는 용어는 시각화의 효과에 대한 논리적 결론이라고 할 수 있다. 지금까지 시각화를 둘러싼 맥락과 개념을 총체적으로 이해하게 되었다. 시각화는 스포츠,

영적 성장, 심리 치유, 자기 계발에 이르기까지 다양한 영역에서 다양한 이름으로 활용되고 응용되어 왔다. 비지니스로 대표되는 자기 계발 차원에서 시각화는 원하는 목표를 달성하도록 만드는 성취 철학 및 체계라고 할 수 있다.

* 정확한 이해를 위해 시각화, 확언, '현현 Manifestation', 끌어당김의 법칙 간의 관계성과 위계를 정리하였으나, 일반적으로는 이런 엄밀한 구분 없이 '목표를 성취하기 위한 특별한 심리적 기술' 정도의 의미로 혼용되고 있다.

〈가정의 법칙, Law of Assumption〉

'끌어당김의 법칙'과 '시각화' 내지는 '심상화'를 키워드로 검색하다 보면, 종종 'Law of Assumption 가정의 법칙'이라는 것이 나타난다. 이것은 1905년에 태어난 네빌 고다드라는 형이상학자이자 작가 겸 강연자가 주창한 것이다. 그 역시 '끌어당김의 법칙'을 깊이 연구했던 만큼 그가 제안하는 '가정의 법칙'은 일견 '끌어당김의 법칙'과 겹치는 부분이 매우 많다. 따라서, 법칙을 실천하기 위한 방법론 측면에서 디테일한 차이가 있다고 알려져 있다. 그가 자신이 제안한 법칙을 'Law of Assumption (가정의 법칙)'으로 명명한 까닭은 '원하는 것을 상상하기보다는 이미 이루어진 상황을 상상하는 것'이 중요하다고 여겼기 때문이라 한다. 즉, 이미 이루어졌다고 가정하는 것이 관건이다. 이미 이루어졌다고 여기면 긍정적인 기분을 느낄 수 있고, 이런 삶의 긍정성이 마음을 편안하게 만들고 나아가 성취의 원동력이 된다고 주장한다. '끌어당김의 법칙'과 비교해 우열이 나누어진다기보다는 또 하나의 독립적인 사상으로 보면 될 것이다. '가정의 법칙'에 대한 자세한 내용은 그의 저서에서 상세히 확인할 수 있으며, '네빌링'이라는 키워드를 통해 관련 자료를 검색할 수 있다.

뇌 과학으로 풀어본 감각의 기술
the Sensing

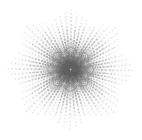

'the Sensing'이란 모든 감각을 활용하여 원하는 바를 성취하기까지의 구체적 과정 그리고 원하는 바가 성취된 순간을 최대한 생생하게 상상하는 것이다. 다시 말해 전통적인 시각화 명상을 각종 오해에서 벗어나 제대로 실천한 상태를 의미하는 것이 바로 'the Sensing'이다. 목표 달성 순간만을 상상하는 것을 넘어 목표 달성에 이르기까지 자신의 행동과 기분, 감정의 과정과 결과를 모두 상상해야 한다. 아울러, '모든 감각'이라고 표현한 이유는 오감을 넘어 운동 감각과 고유수용성 감각 그리고 내수용성 감각까지 포함한 말 그대로 '모든 감각'을 적극적으로 활용해야 하기 때문이다. 고유수용성 감각은 몸의 위치, 몸에 가해지는 저항, 중량 등을 인식하는 감각이며, 내수용성 감각이란 신체 내부에서 벌어지는 일을 포착하고 느끼게 해주는 감각이다. 가령, 많은 사람 앞에서 발표하기 직전에 배 속에서 뭔가 꾸물거리는 듯한 기묘한 감각을 느껴본 적이 있는가? 흔히 '긴장감'이라고 부르는 이 느낌도 내수용성 감각의 결과이다.

성공적인 시각화 연습을 위해 유의해야 할 점이 있다. 생각과 판단을 최대한 배제하는 것이다. 시각화는 기본적으로 생각과 판단 등 사고 작용보다는 감각과 감정에 집중하는 것이다. 오감과 운동 감각 그리고 내수용성 감각을 활성화하여 목표를 이루는 과정과 이루어진 순간을 상상하며, 몰입하는 것이 중요하다. 이 과정에서 확신을 가져야 하는 것은 당연한 이야기다. 스스로 의심하는 것과 같은 부정성은 최대한 제거해야 한다.

시각화에 도움이 되는 태도는 역시나 '긍정성'을 갖추는 것에서 출발하며, 긴장을 풀고 이완된 마음가짐을 가져야 한다. 시각화의 화룡점정은 무엇보다 '실천적 행동'이다. 아무리 원대한 꿈을 마치 영화를 보듯 생생하게 상상하더라도, 실제로 행동하지 않으면 아무것도 이룰 수 없다.

일상생활 속에서 꾸준히 시각화를 지속해 나가도록 도와줄 도구가 몇 가지 있다. 목표를 정리해서 한 눈에 볼 수 있게 돕는 비전 보드, 긍정성을 잃지 않게 해주는 긍정 확언 그리고 자신의 실천을 추적할 수 있는 실천일지가 그것들이다. (이 도구들의 구체적인 활용 방안은 책 후반부에 더 센싱 5단계 로드맵을 참고하길 바란다)

이 책에서 알아보고자 하는 시각화는 정확히 말하자면, '비지니스'로 대표되는 '비물리적 복잡계'에서 활용되는 시각화이다. 그런데 많은 사람이 다음과 같은 오해를 한다.

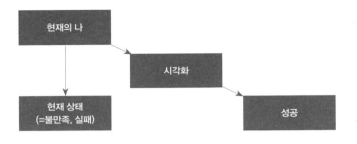

[그림 3]

　바로 시각화를 계속하면 성공이라는 상태로 즉시 이어질 것이라고 믿는다는 것이다. 그러나 이 믿음은 근본적으로 잘못되었다. 갑자기 의문이 들 수 있다. 지금껏 시각화는 분명히 효과가 있다고, 우리를 성공으로 이끌어 줄 것이라 말해왔는데, 근본적으로 잘못되었다니? 시각화의 효과는 정확히 말하자면, 성공을 이룰 확률이 높은 사람으로 만들어 주는 것이다. 그렇기 때문에 시각화가 우리를 결과적으로 성공하게 돕는 원리를 정확히 이해하려면, 성공이라는 개념에 대해 다시 짚어봐야 한다. 그 어떤 사람도 항상 성공을 거듭하지 못한다. 빌 게이츠, 마크 주커버그, 일론 머스크 등 천재적인 기업가들도 늘 성공만 해 온 것은 아니다. 워렌 버핏 역시 막대한 손해를 본 적이 분명히 있다. 중요한 것은 이들은 평범한 사람들에 비해 삶 속에서 성공이라는 결과를 낸 빈도가 압도적으로 높다는 것이다. 다시 말하면, 시각화는 큰 성공의 단초가 될 작은 성공의 빈도를 늘려주는 역할을 한다고 할 수 있다. 이를 도식화하면 다음과 같다.

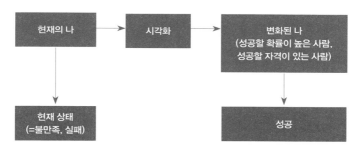

[그림 4]

시각화는 '현재의 나'를 바로 성공으로 데려다주는 것이 아니다. 시각화는 나를 성공할 확률이 높은 사람, 성공할 자격이 있는 사람으로 탈바꿈시켜주는 데 그 의의가 있다. 그렇다면 이 지점에서 필요한 질문이 있다. '현재의 나'와 '성공할 확률이 높은 사람'의 차이점이 무엇인가를 알아야 한다. 그리고 이 질문에 대답하기 위해서는 '비지니스'에서 성공은 어떻게 이루어지는가를 알아야 한다. 비지니스라는 상황은 다음과 같은 특징이 있다.

	수행 행동의 종류	성공에 영향을 끼치는 요인(=변수) 가짓수	운의 개입	개인의 상황 통제 수준
비지니스	비물리적 비가시적	무수히 많음	상대적으로 높음	낮음

[표 2]

비지니스 상황에서는 수행해야 하는 '비물리적이고 비가시적인 행동'이 무엇일까? 다름 아닌 의사결정, 즉 선택이다. 비지니스 상황에서는 선택을 잘해야 한다. 또한, 성공에 영향을 끼치는 변수가 무수히 많다. 변수가 많다는 것은 역시 선택이 그만큼 어렵다는 사실을 의미한다. 비지니스 상황은 운의 개입 수준이 높고, 개인의 상황통제 수준은 낮다는 특징이 있다. 이 지점을 곱씹어 보면, 우선 비지니스 상황에서 성공하기 위해서는 '운'이 요구된다는 당연한 사실을 알 수 있다. 개인의 상황통제 수준이 낮다는 점은 무엇을 뜻할까? 자신의 노력 여부와는 무관하게 실패를 겪을 수 있는 확률이 높다는 의미이며, 결과적으로 동기가 저하되기 쉽다. 따라서 강한 회복탄력성이 필요하다는 결론을 도출할 수 있다. 즉, 비지니스 상황에서 성공할 자격이 있는 사람이 된다는 의미는 1) 선택을 잘하고, 2) 운이 있으며, 3) 회복탄력성이 강한 사람이다. 그리고 놀랍게도 이 3가지 모두 시각화를 통해 이룰 수 있는 요소이다.

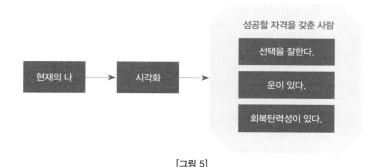

[그림 5]

올바른 선택을 만드는 RAS

프랑스 철학자 사르트르는 '인생은 B와 D 사이의 C이다!' 라는 명언을 남겼다. 이 명언에서 B는 Birth 즉, 탄생을 의미하고, D는 Death 즉, 죽음을 의미한다. 그리고 C는 모두 알다시피 Choice 선택을 뜻한다. 다시 말해, 인생은 태어나서 죽을 때까지 선택의 연속이라는 말이다. 중요한 것은 선택이란 참으로 어려운 일이라는 것이다.

행동경제학의 대가 댄 에리얼리(Dan Ariely 대학교수, 경제학자)는 그의 책『상식 밖의 경제학』에서 굉장히 흥미로운 이야기를 소개한다. 미국의 어느 슈퍼마켓은 본래 잼 6종을 판매했다. 그러자 대략 고객의 40% 정도가 매대에 다가왔고, 최종적으로 고객의 30%가 잼을 구매했다고 한다. 슈퍼마켓은 보다 많은 종류의 잼을 진열했다. 처음 6종에서 24종으로 종수를 4배 늘렸다. 그 결과 관심을 보이며 매대에 다가온 손님은 전체 고객의 60%로 기존에 비해 20% 증가했다. 그렇다면 실제 잼의 판매율, 그러니까 잼을 실제로 구매한 고객은 얼마나 증가했을까? 정답은 '오히려 줄어들었다.'이다. 잼의 종류를 4배나 늘리자 구매율을 기존 30%에서 3%로 대폭 하락하였다.

	관심을 보인 고객	실제 구매 고객
잼 6종	40%	30%
잼 24종	60%	3%

[표 3]

왜 이런 일이 벌어졌을까? 선택의 가짓수가 많아졌기 때문이다. 너무 많은 선택지는 우리 뇌에 부하를 유발해 오히려 선택을 어렵게 만든다. 선택이란 인간이 할 수 있는 가장 고등한 두뇌 작용 중 하나이다. 선택이라는 행위를 하기 위해서는 복잡한 비교분석 과정을 거쳐야만 한다. 이쯤에서 퀴즈 하나를 더 풀어보자. 아까의 상황으로 돌아가 잼 24종을 눈앞에 두고 골라야 한다고 가정하자. 그리고 잼을 처음 구매해보는 일반인(물론, 이런 사람은 세상에 없겠지만, 한번 가정해보자) A와 세상에 있는 잼이란 잼은 모조리 먹어보는 것이 인생의 목표인 자칭 잼 전문가 B가 있다. 이들에게 이 중에서 가장 좋은 잼을 고르는 미션을 주고, 이들의 뇌를 촬영해보면, 누구의 뇌가 더 활발하게 움직일까? 정답은 A, 바로 일반인이다. 전문가 B의 뇌는 선택 과정에서 의외로 일반인들보다 덜 활발하게 움직인다. 이 말인즉슨, 정보를 처리하고 비교 분석하는 과정에서 에너지 소모가 더 적다는 의미이다!

성공적인 결과로 이끌 선택을 하는 사람, 이른바 '성공할 자격을 갖춘 탁월한 사람'은 일반인과 어떤 점이 다를까? 론

프리드먼(Ron Friedman 사회심리학자, 작가)이 저술한 『역설계』에서는 뛰어난 사람과 일반인의 두뇌 활동 차이에 대해 명확하게 정리하는데, 크게 두 가지 차이점으로 귀결된다. 첫째, 뛰어난 사람은 여러 선택지 중 보다 의미 있는 선택지에 주의를 기울인다. 즉, 보다 가치 있는 선택지를 선별하여 주의를 집중한다. 다시 말해, 24종의 잼이 눈앞에 있다면, 그중 섬세하게 비교할 필요조차 없는 나쁜 잼들에는 신경 쓰지 않고, 괜찮은 잼을 빠르게 선별하여, 그것에만 주의를 기울이는 것이다. 마치 잼 24종을 놓고 고민해야 하는 상황을 잼 3종을 놓고 고민해야 하는 상황으로 바꾸는 힘을 가진 것이다. 바꾸어 말하면 전문가들은 일반인과 비교해서 뇌의 인지 부하 수준이 낮다는 결론으로 이어진다. 둘째, 뛰어난 사람은 일반인과 비교해서 뇌의 특정 부분들이 더 발달했을 가능성이 높다. (뇌의 특정 부분이라고 두루뭉술하게 표현한 까닭은 영역에 따라 발달하는 뇌의 부분이 다르기 때문이다) 뇌의 특정한 부분이 더 발달했다는 의미는 관련한 기능이 더 탁월하다는 뜻이다. 이와 관련하여 런던의 택시 운전사의 사례는 이미 널리 알려져 있다. 택시 운전사의 뇌를 MRI로 스캔

한 결과, 운전 경력이 오래될수록 공간 탐색에 관여하는 해마가 발달해 있음을 알 수 있었다. 런던은 도시의 구조와 길이 복잡하기로 악명 높고, 런던의 택시 기사들은 이 어마어마한 대도시의 구조와 길을 모두 외우고 있는 것으로 유명하다. 해마가 발달한 이유는 대도시의 구조와 길을 반복해서 외우고, 운전 루트를 결정해야 하기 때문이다.

이 두 가지 차이점을 통해서 유추할 수 있는 내용은 우리가 만약 선택적 주의집중을 할 수 있고, 뇌의 특정한 부분을 임의로 발달시킬 수 있다면, 더 나은 선택을 할 수 있다는 것이다. 그리고 더 나은 선택을 할 수 있다면, 소망하는 바에 한 걸음 다가가게 될 것이다. 시각화는 과연 우리로 하여금 선택적 주의 집중력을 기르게 할 수 있을까? 그 답은 우리 뇌의 망상활성계(Reticular Activating System, RAS)에서 찾을 수 있다. 인간은 매초 감각 정보에 노출된다. 1초에 노출되는 다섯 가지 감각의 정보는 4억 비트에 달하며, 그중에서 대략 2,000비트의 정보를 수용한다. 인간이 보고, 듣고, 맛보고, 냄새를 맡고, 몸으로 직접 느끼는 정보 중 0.0005%만 뇌에 전달되는 것이다. 이렇게 극소량만 수용하는 이유는 다름 아닌 우리의 한정적인 에너지가 바로 고갈되지 않도록 보호하기 위해서이다. 여기서 접촉 정보 중 어느 것을 뇌로 전달할지 결정하는 것이 바로 망상활성계 또는 망상 활성화 시스템, 약칭 RAS이다. RAS는 뇌간에 있는 신경 다발로, 척수를 따라 전달되는 각종 감각 정보를 선별하여 대뇌피질로 보내, 행동 각성과 의식 및 동기를 조절하는 역할을 수행한다. 다시 말해, RAS는 우리가 특정한 것을 선택하고, 특정한 방식으로 행동하도록 동기 부여할 수 있다는 의미이다. 만약, RAS가 과활성화 되어 있다면, 감각적 과민반응, 과다활동, 과각성 등의 증상이 나타난다. (대표적으로, ADHD는 상대적으로 상부에 위치한 RAS가 대뇌피질 활성화에 실패해서 생겨나는 증상이라고 알려져 있다) RAS가 '더 나은 선택'이라는 주제에 있어 중요한 이유는 바로 우리의 신념 체계도 제어하기 때문이다. 다시 말해, 우리가 기존에 갖고 있는 신념을 강화하고, 해당 신념에 부합하는 정보만 선별하는 것 모두가 RAS의 영향을 받기 때문에 발생하는 일이다.

예를 들어, 누군가 아침에 일찍 일어나는 '미라클 모닝'이 운명을 바꾼다는 믿음을 갖고 있다면, 그의 RAS는 그 믿음을 강화하는 정보만을 선별할 것이다. 그리고 결과적으로 그 믿음이 사실로 증명되는 삶(미라클 모닝을 통해 운명을 바꿔나가는 삶)을 살도록 이끈다. 다름 아닌 우리의 뇌에 있는 RAS가.

따라서, RAS를 우리 편으로 만들어야 한다. 내가 소망하는 바, 가까워 지고 싶은 것만 선별하여 나에게 보여주도록 RAS를 프로그래밍해야 한다. 이른바 목표를 명확하고 구체적으로 설정한다면, RAS가 그 목표와 관련된 모든 것들을 계속 우리 눈앞에 가져다줄 것이다. 마치 유튜브 알고리즘과 같다. '돈을 버는 법'이라는 주제의 영상을 한 번 보면, 계속 유사한 콘텐츠를 띄워주는 것과 유사하다.

RAS는 세상을 바라보게 만드는 렌즈다. 샴푸를 판매하는 회사에 다니는 A가 갑자기 신발을 판매하는 회사로 이직했다고 해보자. A가 바라보고, 인식하는 세상은 완전히 달라진다. 전혀 관심이 없었던 신발이 눈에 들어오기 시작한다. 지하철에 앉아서도 다른 사람들의 신발을 유심히 바라보게 된다. 바로 RAS 때문이다. RAS의 이런 기능을 잘 활용하면, 선택적 주의 집중력을 강화하는 것이 어려운 일은 아니다. 목표만 명확하게 설정해서 머릿속에 입력시켜 두기만 하면 된다. 그리고 목표를 명확하게 설정하여 머릿속에 입력시키는 작업이 다름 아닌 시각화이다.

24개의 잼 앞에서 고민해야 하는 상황으로 돌아가 보자. 잼을 한 번도 사본 적 없는 일반인 A가 만약 평소에 자신이 좋아하는 잼의 기준을 확실히 갖고 있었다면 어땠을까? 그래서 24개의 잼에서 가장 좋은 것 하나를 골라내야 하는 우스꽝스러운 미션에 앞서 수많은 잼 중에서도 자신이 원하는 것을 한 번에 잘 골라내는 자신의 모습을 상상했다면, 그의 선택은 훨씬 수월했을 것이다. 사실, 시각화를 할 때, 최대한 구체적으로 해야 하는 이유가 여기에 있다. 많은 사람이 단순히 목표를 이룬 모습만을 상상하는 경우가 있는데, 그것은, 잼을 고르는 예시에 빗대어 말하자면, 그저 좋은 잼 하나를 골라낸 상황만 상상하는 것이다. 자신이 고르는 잼이 어떤 잼인지까지 생생하게, 구체적으로 상상해야만 한다. 그래야 상세한 목표와 그에 따른 선택의 기준이 RAS에 입력되어 우리를 좋은 선택으로 이끈다. 한마디로 시각화는 우리에게 필요한 선택지를 미리 결정해두는 셈이다. 시각화가 만약 뇌의 특정한 부분을 임의로 발달시키기까지 하면, 우리는 정말 좋은 선택을 하는 사람으로 탈바꿈하는 데 큰 도움을 얻게 된다.

시각화가 정말 뇌를 변모시킬 수 있을까? 최근 신경 가소성과 관련한 뇌과학적 연구 결과에 따르면, 그렇다. 시각화는 뇌를 물리적으로 변형시키기까지 한다. 인간의 중추 신경계는 크게 3가지 요소로 구성되어 있다. 대뇌피질, 뇌간, 그리고 소뇌인데, 이 세 부위의 뉴런은 유기적으로 연결되어 있다. 뉴런이란 오감을 통해 입력되는 정보를 전달하고, 해석하는 신경 세포이다. 이 신경세포끼리 전기적 신호를 최대 초속 120미터의 속도로 주고받는 신경 경로를 통해 우리의 감각 정보가 뇌로 전달된다. 뉴런과 뉴런 사이에 있는 신경 경로는 사용하면 사용할수록 더욱 탄탄해진다. 신경 경로를 사용한다는 의미는 동일한 행동을 계속 반복한다는 것이다. 다시 말해, 특정한 행동을 계속 반복하면, 해당 행동과 연관된 뉴런과 뉴런 사이를 잇는 신경 경로가 탄탄해지고, (이것이 앞서 런던의 택시 기사 사례를 통해 언급한 뇌의 물리적 변화이다) 이것은 곧 습관 및 행동 패턴을 형성하게 되는 것이다. 신경 가소성이란 뉴런 간에 새로운 경로를 만들어내는 뇌의 능력이다. 극단적으로 말해, 뇌의 구조 자체를 바꾸는 방법이다. 물론, 뇌의 구조를 바꾼다는 것이 결코 쉬운 일이 아니다. 뇌의 구조를 바꾼다는 말을 조금 더 쉽게 풀어보자면, 익숙하지 않은 행동을 하나의 습관화한다는 의미와 동일하다. 즉, 어떤 행동을 꾸준히 계속해야만 한다.

신경 가소성을 작동시키는 열쇠는 바로 '행동'이다. 이쯤에서 의문이 생길 것이다. 그렇다면 무조건 실제 행동을 해야만 신경 가소성을 작동시킬 수 있을까? 꼭 그런 것은 아니다. 상상만 해도, 생생한 상상만 해도 신경 가소성을 작동시키고, 나아가 뇌의 구조를 바꿀 수 있다. 그 이유는 우리의 뇌가 현실과 상상을 구분하지 못하기 때문이다. 잠깐 책장을 덮고, 목도 좀 돌려보고, 어깨도 툭툭 털어보라. 한두 차례 숨을 크게 들이쉬고 내쉰 뒤, 상상해보자. 아주 싱그러운 오렌지를 떠올려 보는 것이다. 먹음직스러운 오렌지를 크게 깨물어 먹는 장면을 생생하게 상상하면, 어떤 반응이 나타나는가? 입에 살짝 침이 고이지 않는가? 뇌가 현실과 상상을 구분하지 못하기 때문에 나타나는 반응이다. 뇌가 상상을 현실로 인식하는 작용의 대표적인 사례가 바로 '플라시보 효과'이다. 미국 미시건 대학교의 욘-카르 주비에타 박사는 가짜 진통제를 진짜라고 속이고, 실험 참가자들에게 복용하도록 하였는데, 위약을 복용하였음에도 불구하고, 뇌에서 진통 효과가 있는 엔돌핀을 분비하는 사실을 발견하였다. 즉, '플라시보 효과'는 단순한 심리적 반응을 넘어 뇌의 실제적 작용을 이끌어 낸다는 것이다.

지금껏 살펴본 내용을 종합하면, 시각화가 더 나은 선택을 하는 뇌를 만들 수 있다는 사실을 알 수 있다. 정리하자면 이렇다. 먼저 더 나은 선택을 하는 자기 자신을 생생하게 상상하는 것을 반복한다. 뇌는 실제로 더 나은 선택을 했는지, 상상을 했는지, 구별할 수 없기 때문에 진짜 더 나은 선택을 했다고 착각하게 되고, 이에 따라 선택과 관련된 신경 경로를 강화하기 시작한다. 신경 가소성이 작동하기 시작한 것이다. 이 과정이 반복되고 누적되면, 관련 신경 경로가 튼튼해지고, 뇌의 물리적 변화가 나타난다. 즉, 더 나은 선택을 할 수 있는 사람으로 변모하게 되는 것이다. 2,000억 원 규모의 자금을 운용하는 핀테크 기업 '두물머리'의 창업자인 천영록 대표는 2019년 초 인터넷 미디어 'PPSS'에 매우 흥미로운 칼럼을 기고했다. 펀드 매니저 겸 트레이더로 일했던 경험을 바탕으로 프로페셔널하게 '손절'하는 시각화 연습을 권유하는 내용이었다. '손절'이란 주식 투자 영역에서 가장 중요한 의사결정 중 하나임과 동시에 수많은 투자자들이 쉽게 '선택'하지 못하는, 그러나 거의 필연적으로 후회를 부르는 행동이다. 천영록 대표는 막연히 '손절을 잘하고 싶다.', '투자를 잘하고 싶다.'라고 생각하는 것은 도움이 안 된다고 단언한다. 그의 표현을 요약하자면 다음과 같다.

"구체적으로 호가와 주문이 일어나고, 절반이 체결되자마자 주문가를 수정하면서 동시에 다른 호가를 확인하고, 손익을 확인하면서 포지션 헤지를 하며 주문을 더 넣는다. 포지션을 터는 장면을 반복적으로 상상해서 몸에 굳혀야 한다. 몸과 손가락이 굳고, 식은땀이 흐르면서 등이 뻣뻣해지고, 시야가 좁아지면서 호가에 빠져들고, 세상이 멈춰가는 느낌까지 반복적으로 재현하면서 연습해야 한다."

이렇게 손절을 생생하게 시각화하여 곱씹고, 또 곱씹어야만 트레이딩이라는 복잡계 속에서 승리해 나갈 수 있다고 말한다. 망상활성계와 신경가소성 등 뇌과학적 근거를 차치하더라도 시각화가 일상생활 속에서 더 나은 선택을 하는 데 분명 도움이 된다고 말할 수 있는 상식적인 이유가 더 있다. 가령, 목표를 이루는 과정을 시각화하다 보면 조심해야 할 점 등을 미리 떠올릴 수 있다. 예상치 못한 장애물에 대해 미리 준비할 수 있는 기회가 생긴다는 것이다. 이것은 곧 선택해야 하는 순간 뇌의 인지 부하를 줄이는 것으로 이어질 수 있다. 스티브 잡스(Steve Jobs 기업인)는 생전에 매일 같은 스타

일의 옷을 입는 것으로 유명했다. 스티브 잡스뿐만이 아니다. 페이스북의 창업자 마크 저커버그 역시 옷장에 똑같은 회색 티셔츠가 여러 벌씩 걸려 있는 것으로 알려져 있다. 또 영화 감독 크리스토퍼 놀란은 2012년 한 인터뷰에서 따뜻한 날씨에 맞는 옷 그리고 추운 날씨에 적합한 옷 두 벌을 돌려 입는 다고 말했다. 이들이 매일 같은 스타일의 옷을 입는 이유가 무엇일까? 바로 사소한 선택을 하기 위해 뇌의 에너지가 낭비되는 것을 막기 위함이다. 좋은 선택을 하는 과정에서 가장 중요한 것은 무엇보다 뇌의 에너지를 낭비하지 않는 것이다. 이를 위해서는 스티브 잡스, 마크 저커버그처럼 뇌의 에너지 낭비를 줄이는 방식이 있다. 또 다른 방식은 선택의 순간, 보다 의미 있는 선택지에만 집중하는 것이다. 스티브 잡스, 마크 저커버그처럼 애초에 선택지를 줄여서 에너지를 보전하는 일은 어렵지 않게 누구나 할 수 있다. 그리고, 가장 의미 있는 선택지에만 집중하는 것 역시 어렵지 않다. 매일 매일 원하는 목표를 생생하게 상상하기만 하면 되는 것이다.

행운을 부르는 Guided Imagery

로맨스 영화 '세렌디피티' 속 주인공들은 연말을 맞아 각자의 연인에게 줄 선물을 사기 위해 어느 백화점에 방문한다. 마음에 드는 장갑을 발견했지만, 재고가 하나밖에 남지 않았고, 남자는 여자에게 양보한다. 이후 몇 번의 우연한 마주침 끝에, 달콤한 크리스마스 분위기 속에서 환상적인 데이트를 하게 된 남녀는 끝내 연락처를 교환하지 않은 채, 재회의 가능성을 운명에 맡겨 보기로 한다. 그로부터 7년이 지나 각자의 애인과 결혼을 눈앞에 두고 있지만, 그날 하루의 만남을 잊지 못하고 있는 남녀 주인공에게 그날의 추억을 떠올리게 만드는 사건들이 연달아 발생하고, 결국 운명이라고 해석할 수밖에 없는 우연의 연속 끝에 재회하게 된다. 영화 제목 '세렌디피티'는 본래 '의도하거나 계획하지 않았으나, 우연히 얻게 된 좋은 경험 또는 발견 및 성과'를 의미하는 단어로, 스리랑카의 고대 페르시아어 이름인 '세렌딥 Serendip'에서 유래되어 명사화된 것이다. (그리고 이 'Serendip'이라는 단어는 '사자가 머무는 섬'이라는 뜻을 지닌 산스크리트어 심할라드비파 Simhaladvipa에서 파생되었다)

영국의 역사가이자 정치인이었던 호레이스 월폴(Horace Walpole 소설가)은 1754년 1월 28일 친구에게 보내는 편지에서 '세렌딥의 세 왕자'라는 동화에서 모티브를 얻어 '세렌디피티'라는 단어를 처음 사용하였다. '세렌딥의 세 왕자'에서 왕자들은 항상 우연하게 그들이 추구하지 않았던 것들은 발견하게 되는데, 호레이스 월폴은 이 모습을 보고 '우연한 행운으로 추구하지 않았던 사실을 발견한다.'는 의미로 '세렌디피티'라는 단어를 만들게 되었다고 말했다. 그리고 현대에 와서는 '우연히 얻게 된 행운'으로 쓰이게 되었다. 운이란 이처럼 우리 삶에 갑자기 찾아오는 예상치 못한 우연한 사건이다. 별생각 없이 구매한 복권이 당첨되는 일, 오랜만에 참석한 모임에서 만난 사람으로부터 스카웃 제의를 받게 되는 일, 하필이면 중요한 면접이 있는 날 대중교통이 지연되는 일 등 모두 운의 영역에 속하는 사건이라고 할 수 있다. 이들 중 앞의 두 가지처럼 삶에 긍정적인 영향을 끼치면 행운, 마지막 예시처럼 부정적인 영향을 끼치면 불운이라고 부른다. 행운이 되었든 불운이 되었든, 발생한 까닭을 논리적으로 또는 이성적으로 설명할 수 없다는 것이 '운'의 속성이다. 어찌 보면 '운'이라는 것은 우리가 이해하기 어려운 사건이 발생했다는 사실을 더욱 쉽게 받아들이기 위한 인지적 대응의 결과라고 할 수 있다. 만약 우리의 삶 속에 '운'으로 보이는 사건이 성큼 나타났을 때, 그것의 발생 이유 및 인과 관계를 명확히 따질 수 있다면, 그것은 더 이상 운이 아니다. 그저 일어나야 했던 일이 일어났을 뿐인 것이다.

로또를 한번 사본 적 있는가? 나라마다 규정이 다르지만, 대한민국에서 진행하는 로또는 45개의 숫자 중 6개 숫자를 맞춰야 한다. 많은 사람이 농담 반 진담 반으로 로또 한번 당첨되는 것이 인생의 꿈이라고 말한다. 로또에 당첨되는 것은 말 그대로 꿈만 같은 일이며, 분명 행운이 따라야 한다. 주변을 둘러보면 한주의 마무리를 로또를 사는 것으로 마무리하는 사람도 있을 정도이다. 일년내내 로또를 샀지만 5등 이상은 당첨되어 본 적 없는 사례도 심심치 않게 있다. 그렇지만, 로또 1등 당첨자는 매주 나온다. 미국 같은 경우는 당첨자가 계속 나오지 않아 상금이 이월되며, 눈덩이처럼 불어나는 경우가 있는데, 대한민국 같은 경우는 매주 로또 1등이 나온다. 어떻게 이럴 수 있을까? 45개 중 6개의 당첨 숫자를 운좋게 골라낼 수 있는 확률은 $\frac{1}{8,145,060}$ 이다. 약 팔백십사만분의 일이다. 약 팔백십사만분의 일의 확률을 뚫고, 1등에 당첨되는 사람이 매주 나온다는 사실이 매우 신기하게 느껴질 수 있다. 그러나, 이것은 어찌 보면 당연한 결과이다. 대한민국 로또는 2022년 1월 29일 자로 1,000회를 맞이했는데 이 1,000회차의 총판매 금액은 118,628,811,000원이다. 로또를 한번 사기 위해 1,000원이 들기 때문에 총판매 금액을 1,000으로 나누면 118,628,811개의 번호 조합이 만들어진 것이다. 약 1억 1천 개의 번호 조합을 통해 게임이 진행되었는데, 그 게임에서 1등을 하기 위한 확률은 팔백사십만분의 일이다. 산술적으로 따져봐도 약 14~15명의 1등이 나올 수 있다는 것이다. 이렇게 생각해 보면 1등이 한 명도 나오지 못한 로또 회차가 더 기이한 상황일 수 있겠다.

'생일 역설'이라는 것을 한 번 살펴보자. 랜덤하게 선정된 23명이 모였을 때, 같은 날짜에 태어난 사람이 두 명 나올 확률은 50%가 넘는다고 한다. 확률적으로 봤을 때 임의로 23

명을 선정하는 과정을 2번 거치면, 그중 한 번은 생일이 같은 사람 두 명이 모여 있을 거라는 뜻이다. 1년은 365일인데, 어떻게 23명밖에 안 되는 사람을 모으면, 두 번에 한 번꼴로 생일이 같은 사람이 있다는 것일까? 이런 일이 실제로 발생했을 때 어떻게 생각하겠는가? 어마어마한 우연이라고 생각할 것인가? 다시 한번 수학적으로 접근해보자. 우선 생일이 같을 확률은 '1-(생일이 같지 않을 확률)'이라는 데에서 출발하자. A와 B의 생일이 같지 않을 확률이라는 말은 B의 생일이 1년 365일 중 A의 생일이 아닌 364일 중 하루라는 의미이다. 즉 $\frac{364}{365}$ 이다. 따라서, 무작위로 두 사람 A와 B가 만났을 때, 이들의 생일이 같을 확률은 $1-\frac{364}{365}$인 $\frac{1}{365}$이다. 만약 A, B, C 세 사람이 있다면, 우선 이들의 생일이 모두 다를 확률은 $\frac{365}{365} * \frac{364}{365} * \frac{363}{365}$ 이며, 이는 98.36%이다. 다시 말하면 무작위로 만나게 된 A와 B와 C 세 사람의 생일이 모두 같을 확률은 1-98.36%, 즉 1.64%이다. 이렇게 순차적으로 사람의 수를 늘려가면 계산해보면, 임의의 23명이 모였을 때 생일이 서로 다를 확률은 49.27%이고, 다시 말해 임의의 23명 중 생일 서로 같은 한 쌍이 존재할 확률은 50.73%이다.

이렇게 계산해보면, 충분히 일어날 수 있는 일이라는 사실을 알게 된다. 만약 어떤 사람이 23번의 소개팅을 한다면 50% 확률로 생일이 같은 상대방을 만나게 된다는 의미이다. 여러 번 소개팅해서 생일이 같은 상대방을 만나는 게 그렇게 특별한 운명 같은 이벤트는 아닐 수 있다는 이야기가 된다. 즉 어떤 사건의 발생 계기, 원인 등을 이해할 수 있다면, 그것은 더 이상 운이 아니다. 그렇지만 이런 수학적 접근은 잠시 한편으로 밀어두자. 우리가 집중하고자 하는 부분은 확률과 무관하게 스스로 운명처럼 느껴지는 특별하고도 희귀한 일이라는 관점에서의 행운이니까 말이다.

영국의 심리학자 리처드 와이즈먼(Richard Wiseman 대학교수)은 스스로 운이 좋다고 생각하는 사람들을 대상으로 많은 연구를 진행해 왔다. 그는 10년에 걸쳐 수백 명의 사람들을 대상으로 운이라는 것이 삶에 어떤 요소로 작용했는지를 탐구하고, 연구했다. 와이즈먼은 이 과정에서 '행운이 따르는 사람에게는 3가지 성격적 특성이 있다'라는 사실을 밝혀냈다. 행운이 따르는 사람은 대체로 '외향적이고, 개방적이며,

신경증 수준이 낮았다. 외향성과 개방성 그리고 낮은 수준의 신경증이 우리를 행운이 따르는 사람으로 만들 수 있다는 것이다. 외향성은 말 그대로 외향적인 성격을 의미한다. 외향적인 성격이란 개인의 심리적 에너지가 개인의 내면보다는 외부 세계로 향하는 것이다. 다시 말해, 외부 세상에 적극적으로 참여하려는 의지가 있다는 것이며, 이런 외부 세계에 대한 관심은 자연스레 예기치 못한 사건의 발생 가능성을 높인다. 때로는 분명히 부정적인 사건도 맞닥뜨리겠지만, 기본적으로 모수가 커야 행운의 발생 횟수도 비례하여 늘어나지 않겠는가? 한마디로 집에만 있는 것보다는 집 밖으로 나가 산책이라도 해야 사건이 벌어지고, 사건이 많이 벌어지면 벌어질수록 더 많은 행운을 누릴 수 있게 되는 것이다. 개방성은 새로운 도전을 환영하는 태도이다. 개방성이 높은 사람은 한번도 해보지 않은 일에 도전하는 것을 주저하지 않는다. '도전'이라는 단어 때문에 무언가 거창한 일을 떠올릴 수 있으나, 삶에 대한 개방적인 태도는 사소한 일에서도 그대로 발현된다. 전 세계 최고의 이커머스 회사인 아마존을 만든 제프 베조스(Jeff Bezos 기업인)는 대학을 다니던 시절, 그저 재미 삼아 자신의 차고에서 중고 책을 두세 권 판매했던 경험이 아마존의 시초였다고 말한다. 제프 베조스 뿐만이 아니다. 우리 주변에는 흥미 차원에서 가볍게 시작했던 일이 삶을 바꾸었고, 돌아보면 별다른 기대 없이 시도했던 것이 인생 최고의 행운이 되었던 사람의 이야기가 아주 많다. 마지막으로 신경증은 신경과민, 불안, 예민함 등으로 대표되는 성향이다. 신경증이 높다면 정서적으로 예민하고 불안정한 경향을 보이는 반면, 신경증이 낮다면 상대적으로 안정적이고 차분하며, 스트레스도 한결 쉽게 이겨내는 경향을 보인다. 주변에 매사 너그럽고 여유 있어 보이는 사람이 있다면, 그가 바로 신경증 수준이 낮은 사람이다. 이렇게 너그럽고 여유가 있는 사람은 자기 일에만 몰두하기보다 열린 마음으로 주변을 돌아본다. 그러다 보니 자연스레 새로운 기회를 더 쉽게 수용할 수 있다.

이 세 가지 특성을 정리해보면, 한마디로 행운이 따르는 사람은 외부 세상과 적극적으로 소통하고, 느긋하고, 여유로운 마음으로 주변을 돌아보며, 새로운 시도를 두려워하지 않는 성격을 가졌다. 이제 관건은 정녕 우리가 시각화를 통해 우리의 성격을 이같이 바꿔 나갈 수 있느냐는 것이다. 먼저 외향성을 살펴보자. 외향성이 행운을 끌어당긴다는 이야기를 들었을 때, 소위 말하는 'I' 성향, 내향적인 사람들에게는 청천벽력 같았을 것이다. 그러나 분명히 짚고 넘어가야 하는 부분이 있다. 중요한 것은 '외향적인 태도'이다. 내향적인 사람들이 '외향적인 태도'를 보일 수 있다면 그걸로 충분하다. 내향성이라는 선천적이고 태생적인 기질로 인한 특정한 행동 양식이 분명히 있을 것이다. 그렇지만 우리는 이미 신경 가소성의 개념을 배웠다. 어떤 행동을 꾸준히 반복하면, 뇌의 신경 경로가 강화된다는 사실을 잊어서는 안 된다. 내향적인 사람들도 꾸준히 '외향적인 태도'를 보이는 연습을 한다면, 스스로 행운이 깃들 확률을 높일 수 있다. 개방성과 낮은 수준의 신경증은 상호 간의 연관성이 매우 큰 성격적 특성이다. 불안과 예민함이 줄어든다면, 마음의 여유가 생기고, 새로운 시도를 해보는 것에 거리낌이 사라지기 때문이다. 시각화는 불안 완화와 긴장 이완에 탁월한 효과가 있다는 사실을 기억하자.

시각화가 현대에 들어서 '유도된 심상화(Guided Imagery)' 등의 이름으로 불안장애 등을 해소하기 위해 심리치료 영역에서 다양하게 도입되고 있다는 점은 이미 설명한 바 있다. 마이클 펠프스의 사례를 떠올려 보라. 꾸준히 시각화를 실천하면, 예민한 마음에 여유가 들어설 것이고, 이것은 자기 자신에만 몰두하는 것에서 벗어나, 주변을 둘러보고 새로운 시도를 해보는 것의 단초를 마련할 것이다. 로마의 위대한 철학자 세네카(Lucius Annaeus Seneca 고대 로마 스토아 철학자)는 '행운이란 준비된 자가 기회를 만났을 때 생기는 것'이라는 말을 남겼다. 그리고 준비된 자란 다름 아닌 외향성과 개방성 그리고 낮은 수준의 신경증을 성격적 특징으로 보유한 자이다. 시각화는 우리를 '준비된 자'로 만들 수 있다. 또한, 시각화를 계속하면, 뇌의 '망상활성계'가 다시 프로그래밍 된다는 내용은 이미 살펴보았다. 재차 언급하지만, '망상활성계'는 우리의 선택적 주의 집중력을 강화하여, 우리의 목표에 부합하는 정보를 취사선택하도록 돕는다. 기존에는 인식하지 못했던 정보와 사건을 인식하게 된다. 새롭게 인식하게 된 것의 발생 원인 등을 이성적으로 이해할 수 없다면? 그것은 바로 운을 얻게 된 것이다. 행운의 은총을 받기 위해서 우리는 '준비된 자'가 되는 것도 중요하고, 기존에는 무의미했던 정보와 사건을 새롭게 인식하는 것도 중요하지만, 무엇보다 긍정적인 일들이 계속 생길 수 있는 환경을 만들어 나가야 한다. 가령, 원하는 직장에 들어가 승승장구하며 멋진 커리어를 쌓고 싶다면, 당연히 최대한 많은 곳에 지원해야 한다. 시각화를 완성하는 것은 실천적인 행동이라는 점을 절대 잊어서는 안 된다. 마지막으로, 행운 역시 선택의 결과이다. 기회가 찾아왔을 때 그것을 거머쥐어 행운으로 만드는 것은 다름 아닌 자기 자신의 몫이다. 우리는 이미 시각화가 더 나은 선택을 하도록 돕는 원리를 이해했다. '늘 생생하게 상상하라.', '기회가 찾아왔을 때 그것을 절대 놓치지 않고 사로잡아 행운으로 만드는 자신의 모습을 또렷하게 그려라.'

2001년 '세렌디피티'가 개봉한 지 8년이 지나 또 다른 명작 영화가 개봉했다. 바로 '500일의 썸머'이다. 역시 운명적 사랑을 믿는 남자 주인공은 출근길에 여자 주인공과 같은 엘리베이터에 타지만, 말 한 번 못 붙이고 노래만 듣고 있다.

남자 주인공이 듣고 있던 노래를 들은 여자 주인공은 "저도 이 노래를 좋아해요."라고 말을 건네고, 이를 계기로 시간이 흘러 이들은 연인으로 발전한다. 운명적인 만남을 기대했던 남자 주인공의 바람과는 다르게 점점 이들의 관계는 점점 꼬이고, 결과적으로 결별하게 된다. 역시 운명적인 사랑 따윈 없다고 생각하게 된 남자 주인공은 영화 속 여러 가지 일들을 계기로 운명이란 오로지 자신의 선택으로 만들어 가는 것임을 깨닫고, 새로운 직장을 구하기 위한 면접장에서 우연히 만난 여성에게 면접 이후 커피를 마시자고 제안하면서 새로운 사랑을 시작하게 된다. 운이라는 것은 결국, 우리에게 찾아오기만 하는 것이다. '운'이 우리 주변으로 조금 더 쉽게 찾아올 수 있는 환경을 조성하고, 또 찾아온 운을 인지하고, 무엇보다 결정적인 순간에 행동을 취해 운을 거머쥐는 것은 다름 아닌 나 자신에게 달려있다.

위기 극복의 원천이 되는 회복탄력성과 DMN

"Life is a tragedy when seen in close-up, but a comedy in long-shot." -Charlie Chaplin

영국의 배우이자 코미디언이며 영화감독이었던 찰리 채플린은 '인생은 가까이 보면 비극이지만, 멀리서 보면 희극'이라는 말을 남겼다. 짧지만 강렬한 통찰을 담은 이 문장은 찰리 채플린 사후 50년이 다 되어가는 현재도 널리 쓰이고 있다. 혹자는 이 문장의 번역에 대해 찰리 채플린이 본래 영화감독이었던 점을 고려하여 '인생이란 클로즈업 할 때는 비극이지만, 멀리서 찍게 되면 희극'이라고 하는 것이 더 정확하다는 이야기도 있다. 찰리 채플린이 어떤 것을 염두에 두고 말했는지는 모르겠지만, 만고에 남을 이 금언은 비지니스 세계에도 적확히 적용된다. 비지니스뿐만이 아니라 학문이든 스포츠든 공히 적용된다. 이렇게 모든 영역의 핵심을 관통하기 때문에 감히 '인생'이란 거대한 개념을 관통하는 고금 불변의 명언으로 남았을 것이다.

어떤 영역이든 성공한 사람의 발자취를 유심히 들여다보면, 사실 그렇게 행복했을 것 같지는 않을 것 같다는 생각을 하게 된다. 그들은 쉽게 상상하기 어려울 정도의 고난과 역경과 비극을 계속 거쳐야 했기 때문이다. 애플이라는 신화적인 기업을 만든 스티브 잡스 역시 한때는 자신이 만든 기업에서 쫓겨나야 하는 역경을 겪었다. 유럽 11개국에 진출해 고속 성장을 이루고 있는 글로벌 식품 기업 켈리델리의 창업자 켈리 최 회장 또한 대성공 이전에 첫 사업의 실패로 빚더미에 앉아 친한 후배와 만난 자리에서 커피값을 누가 계산해야 할지 고민했던 순간이 있다고 회고한 바 있다. 인생에서, 특히 비지니스에서 열심히 노력한다고 해서 원하는 결과가 나오지 않는다는 점은 너무나 당연하다. 성공이라는 열매를 따기 위해서는 매일 매일 크고 작은 고난과 비극의 연속을 견뎌내야만 한다. 이때 필요한 것이 바로 '회복탄력성'이다. 이 개념은 한국에 2011년에 소개되었다. 초창기에는 '본래의 자리로 되돌아오는 힘'이라는 사전적 의미 때문인지 물리학이 떠오른다는 반응이 많았지만, 오래 지나지 않아, 거의 일상의 언어처럼 쓰이기 시작했다.

이 개념을 거의 최초로 소개한 김주환 교수의 저서 『회복탄력성 – 시련을 행운으로 바꾸는 마음 근력의 힘』은 2015년 중앙일보가 보도한 '학분 분야별 최다 인용 저서/역서 랭

킹'에서 사회과학 부문 2위를 차지하였고, 2020년 코로나 팬데믹 사태를 맞이해서는 '회복탄력성'의 중요성이 더더욱 강조되고 있다. '회복탄력성'은 '자신에게 닥쳐오는 각종 시련을 이겨내고, 나아가 도약의 디딤돌로 삼는 긍정적인 힘'이다. 부연 설명하자면, 끊임없이 변화하는 주변 환경에 빠르게 적응하고, 그 변화를 스스로 유리한 쪽으로 활용하는 능력이라고 할 수 있다. 그런데 대단히 많은 사람이 회복탄력성을 '성공에 대한 강한 집착으로 어떤 상황에서도 반드시 이뤄내겠다는 집념을 가진 마음가짐'이라고 오해한다. 비지니스처럼 한 개인이 노력한다고 해서 모든 걸 통제할 수 없는 상황에서 '성공에 대한 강한 집착'만을 갖고 있다면, 오히려 쉽게 포기하게 될지도 모른다. 중요한 것은 '자신이 컨트롤하기 어려운 상황 속에서 역경이 찾아왔을 때, 포기하지 않고, 긍정적으로 받아들여 다시 도약하는 것'이다. 김주환 교수는 그의 저서에서 회복탄력성을 계발하는 가장 효과적인 방법은 '긍정성'을 기르는 것이라고 강조한다. 그가 정의하는 긍정성은 세 가지 요소로 구성되어 있다. 자신의 강점과 장점을 낙관적으로 바라보는 태도, 삶의 만족도 그리고 삶과 주변 사람에 대해 감사하는 태도이다. 이 중 시각화는 첫 번째 자신의 강점과 장점을 낙관적으로 바라보는 태도를 형성하는 데 크게 기여한다.

지금껏 살펴본 대로 시각화는 우리를 보다 나은 선택을 할 수 있는 사람으로 만들기도 하고, 우리에게 찾아온 행운을 보다 잘 인식하게 만들기도 한다. 이런 것들이 지속되고, 누적되면 어떤 결과가 만들어질까? 다들 예상하다시피, 자신의 강점과 장점을 낙관적으로 바라보게 된다. 자신의 올바른 선택, 행운을 거머쥐었다는 자신감 등이 쌓이고 쌓여 스스로 낙관적으로 인식하게 되고, 이것은 총체적으로 회복탄력성 증진이라는 결과를 가져다준다. 하버드 의대 코칭 연구소 설립 멤버로 현재도 하버드 의대에서 조교수 겸 브리검위민스 병원 부수석 연구원으로 활동 중인 게일 가젤 역시 그의 저서 『하버드 회복탄력성 수업』에서 회복탄력성을 효과적으로 계발하기 위한 실용적인 방법을 제시하였다. 그가 제안하는 여러 방법 중 하나는 자신의 이상적인 자아상을 설정하고, 이것과 늘 연결된 상태를 유지하는 것이다. 이와 관련하여 그의 저서에서 구체적으로 제시된 방법은 다음과 같다.

1. 조용하고 편안한 장소에 앉는다. 훈련 막바지에 사용할 노트를 꺼내둔다. 눈을 감고, 화창하고 아름다운 날 바깥을 산책하는 자신을 상상해보자. 편안한 마음으로 오솔길을 거닐고 있다.

2. 오솔길을 계속 따라가면, 미래의 자아를 만나게 된다. 저 멀리서 당신과 만날 생각에 들떠서 환한 얼굴로 다가오는 미래의 자신을 바라보자.

3. 미래의 자아가 보이는 표정과 몸짓에 주목한다. 어떤 모습으로 다가오는가? 느낌이 어떤가? 미래의 자아를 지그시 들여다보고, 눈에 띄는 것을 마음에 새긴다.

4. 오솔길에서 벗어나 편안한 곳에 앉아 미래의 자아에게 아래의 질문을 던져보자.
   - 당신의 삶에서 가장 중요한 것은 무엇인가?
   - 온전하고 의미 있는 인생을 살기 위해 알아야 할 것은 무엇인가?
   - 현재 내가 맞닥뜨린 역경에 대해 어떤 조언을 해줄 수 있는가?

5. 이제 미래의 자아가 선물을 준다고 상상해보자. 당신은 그

선물을 받고 돌아와 만남의 추억을 되새기며, 스스로 어떤 사람이 되어가고 있는지 기억을 되살릴 수 있다. 그 선물에 어떤 특별한 의미가 담겨 있는지 물어보자.

6. 미래의 자아에게 지혜를 나눠주어 감사하다고 말하고, 작별 인사를 한다. 오솔길을 따라 현재의 시간으로 다시 돌아오자. 준비가 되면 살며시 눈을 뜬다.

어떤가? 조금 차이가 있긴 하지만, 성공한 자신의 모습을 생생하게 그리는 시각화 명상과 맞닿아 있는 점들을 볼 수 있는가? 게일 가젤 박사는 위에서 제시한 연습이 궁극적으로 자기 자신을 인정해주는 조력자를 설정하는 것과 마찬가지라고 말하며, 이를 통해 목표를 향해 지속적으로 노력할 수 있는 끈기를 기를 수 있고, 이것이 궁극적으로 '회복탄력성' 계발에 도움이 된다고 말한다. 시각화는 이렇듯 '회복탄력성'을 기르는 데에 도움을 준다. 그러나 시각화가 '회복탄력성' 계발에 영향을 끼치는 방식은 이게 다가 아니다. 비지니스와 같은 상황에서 포기하고 싶은 순간이 찾아올 때 앞으로 나아가게 만드는 힘은 무엇이 있을까? 우선, 주변 조력자의 응원과 지지가 있을 것이다. 그리고 갑작스레 찾아온 행운이 있을 것이다. 그런데, 이 두 가지는 외부적인 요소이다. 내부적인 관점에서 역경을 이겨내고, 앞으로 나아가게 만드는 요소가 하나 있다. 다름 아닌 영감이다. 갑자기 떠오르는 아이디어, 기발한 발상, 창의적 생각은 문제 상황을 돌파하고, 다시 한번 힘을 내 달려 나갈 수 있도록 도와주는 최고의 무기이다.

우리의 뇌에는 '디폴트 모드 네트워크 Default Mode Network, DMN'라는 것이 있다. 2001년 워싱턴 대학교 의과대학의 신경과학자 마커스 라이클(Marcus Raichle)과 데브라 거스나드(Debra Gusnard)는 놀라운 사실을 발견했다. 문제 풀이에 몰두하는 실험 참가자들의 특정 두뇌 부위의 활동이 감소한다는 것이었다. 이 발견은 기존 신경과학자들이 인간이 인지 활동을 하고 있을 때는 두뇌 활동이 평소보다 증가한다고 믿었던 것을 정면으로 반박하는 사실이었다. 다시 말해, '디폴트 모드 네트워크'라는 신경망은 우리가 어떤 문제를 풀기 위해 머리를 싸매고, 골똘히 생각하는 동안에는 오히려 활성화되지 않지만, 잔디밭에 누워서 휴식을 취하거나,

별다른 의도 없이 기계적으로 운전을 하고 있다거나 하는, 흔히 말하는 '멍때리는 순간'에 활동량이 비약적으로 증가한다. '디폴트 모드 네트워크'가 중요한 이유는 이것이 활성화되면, 평소에 서로 연결되지 못하는 두뇌 부위들이 연결되기 때문이다. 즉, 코앞에 닥친 문제에만 골몰하다가 한 발짝 물러나 있는 동안, 그동안 잠재되어 있던 기억과 경험들이 수면 위로 떠오르면서 활발하게 정보를 교환하고, 결과적으로 반짝이는 아이디어와 통찰을 선물해주는 것이다. (디폴트 모드 네트워크로 인한 통찰력을 얻기 위해서는 중요한 전제 조건이 하나 있다. 멍때리기 전에 고도의 인지 활동이 있어야 한다. 쉽게 말해 통찰의 재료를 모아두어야 한다는 것이다. 그냥 멍만 때리고 있는다고 해서 아이디어가 갑자기 뚝 떨어지는 것은 결코 아니다.) 그렇다면, 시각화와 '디폴트 모드 네트워크'는 어떤 연관성이 있을까? 생생한 시각화를 매일 매일 실천하는 것은 우리의 뇌에 깃발을 꽂아주는 행위와 마찬가지이다. 이 깃발은 '디폴트 모드 네트워크'가 활성화되었을 때, 그동안 잠자고 있던 아이디어, 정보들이 한곳으로 모일 수 있게 하는 역할을 한다. 정확하게 말하면, 시각화가 직접적으로 '디폴트 모드 네트워크'를 활성화하는 것은 아니다. 시각화는 자신의 삶의 목적성과 초점을 명확히 설정하고, 이것을 뇌의 각인시킴으로써, '디폴트 모드 네트워크'가 활성화되었을 때 우리가 처한 문제를 돌파하는 데 도움을 줄 영감이 발현될 확률을 높이는 것이다. 아울러, '디폴트 모드 네트워크'와는 별개로 시각화 훈련 자체가 창의성과 직관력을 관장하는 두뇌 우반구를 활성화하기 때문에 창조적인 영감을 만드는 데 도움을 준다는 연구 결과도 있다.

최근의 연구 동향에 따르면, '디폴트 모드 네트워크' 자체를 긍정적인 수준으로 활성화하는 데에는 특정한 대상에 초점을 맞추는 집중 명상보다는 이리저리 마음에 떠오르는 것들을 온전히 수용하며, 내면의 자유로운 정신 활동을 허락하는 종류의 명상이 더 효과적이라고 밝혀졌다.

성공으로 이어지는 'the Sensing'

잠깐, 한 가지 상황을 가정해보자. 당신은 내일 아침 8시 20분 기차를 타고, 처음 가보는 지역의 모 리조트에 가서, 신입 사원 연수의 한 꼭지를 맡아 90분짜리 강연을 진행해야 한다. 당신이 진행해야 하는 강연의 주제는 기존에도 계속 다뤄오던 익숙한 것이지만, 평소 120분 동안 강연하던 내용을 90분으로 줄여야 한다. 당신이 그동안 주로 강연하던 대상은 50대 이상의 시니어 세대였는데, 이번에는 20대를 대상으로 한다. 강연을 마친 뒤에는 고객사의 매우 매우 깐깐한 교육 담당자를 만나 새로운 강연 프로그램에 대한 기획안을 제출한 뒤, 날카로운 질문에 적절히 대응해야 한다. 제법 까다로운 하루가 될 것이다.

전날 밤 침대에 누워 별생각 없이 잠드는 것과 잠깐이라도 성공적인 내일을 그리며 시각화하는 것은 큰 차이가 있다. 시각화는 단순하게 생각해봐도 미래를 준비하게 만든다는 이점이 있다. 까다로운 하루를 성공적으로 보내는 자신의 모습을 구체적으로 생생하게 상상하는 과정에서 미리 고려하지 못했던 장애물이나 방해 요인을 떠올릴 수 있고, 나아가 실수했을 때 어떻게 대처할 것인지 대비할 수 있다. 위에서 예시로 든 상황을 생각해 보면, 우선 아침에 기차를 타러 가는 과정에서 어떤 교통편을 이용할지, 기차에서 내린 뒤 리조트까지 차질 없이 이동할 수 있는지 확인해 볼 수 있다. 또, 평소보다 30분이나 줄어든 강연 시간을 효과적으로 활용하기 위해 최우선으로 전달할 핵심 내용들을 정리할 수 있다. 강연을 마친 뒤, 교육 담당자와 미팅하기에 앞서 긴장을 풀려면 커피라도 한 잔 마셔야 할 텐데, 어디서 커피를 살 수 있을지 미리 체크할 수 있고, 또 커피를 마신 뒤 양치를 해야 하는데 칫솔과 치약을 챙겼는지 다시금 확인할 수 있다. 이런 식으로 다음 날에 하게 될 자신의 행동을 일거수일투족까지 떠올리다 보니, 발표 자료와 태블릿 PC는 물론, 안경을 닦기 위한 알콜 스왑, 핸드크림 등 아주 사소한 것들까지 모두 챙기게 된다. 이렇게 만반의 준비를 마치고 난 뒤, 임하게 되는 다음 날은 어떨까? 한결 여유 있게 하루를 보낼 수 있다. 말 한마디, 행동 하나하나에도 자신감이 깃들어 있는 것은 두말할 필요가 없다.

그랜드 슬램 타이틀을 무려 39개나 따낸 테니스 선수 빌리 진 킹 역시 테니스장에 들어가기 전, 경기 중에 발생할 수 있는 거의 모든 종류의 불리한 상황과 대응책을 상상한다고 말한 바 있다. 그는 심지어 자신의 라켓을 휘두르지 않을 때조차 자신감 있는 태도를 보이고 있는지에 대해서도 상상했다고 밝혔다. 어려운 뇌 과학 이야기를 차치하고, 상식적인 선에서 생각해 보더라도, 시각화는 유비무환의 차원에서 우리를 성공할 자격을 갖춘 준비된 사람으로 만든다. 한 가지 흥미로운 연구를 소개하고자 한다. 미국의 'Journal of Consulting Psychology'는 취업 준비생들을 대상으로 시각화의 효과에 대해 연구했다. 실험 참가자를 두 그룹으로 나누어, 첫 번째 그룹은 전통적인 방식의 직업 상담과 면접 코칭을 받았고, 두 번째 그룹은 이에 더해 시각화 연습을 추가하였다. 2개월이 흐른 뒤, 실험 참가자들의 구직 성공률을 조사해보았는데, 첫 번째 그룹에서는 21%가 구직에 성공했다. 반면, 시각화를 병행한 두 번째 그룹에서는 66%가 일자리를 찾게 되었다. 앞서 바로 위에서 언급한 대로 시각화를 하면 여러모로 준비를 할 수 있다는 장점이 있기 때문에 이런 결과가 나왔다고 짐작할 수 있을 것이다. 그렇다면, 이 실험에서 가이드한 시각화 훈련의 내용을 살펴보자.

면접 날 아침 면접을 준비하는 자신을 상상해보십시오. 면접 장에 도착하는 장면을 시각화하여 면접장의 색상, 빛, 그림자 및 물체 등을 오감을 활용해 상상하세요. 면접관이 인사를 건넬 때의 목소리도 상상해보세요. 그리고 차분하고 자신감 있게 악수를 건네는 모습을 떠올리세요.

면접관이 당신을 향해 따뜻한 미소를 짓고 있다고 상상하세요. 면접관이 질문을 던지면, 당신은 자연스럽게 대답한다고 상상해보세요. 자신감과 편안함을 느끼는 자신을 떠올리세요. 면접이 끝날 때, 면접관이 '우리 회사에 입사하게 된 것을 환영합니다.'라고 말하는 것을 상상하세요.

굉장히 단순하다. 단순한 실험이었기에 시각화가 구직자의 정신적 자신감 측면에서 영향을 주었을지, 실제적인 퍼포먼스(면접 답변의 톤, 속도, 발음 등) 측면에서 영향을 주었을지 정확히 알 수는 없다. 그럼에도 불구하고 효과가 있었던 것은 실증적으로 증명되었다. 즉, 목표를 이루는 모습만을 상상하는 시각화 역시 원하는 바를 성취하는데 도움을 준다는 사실을 여실히 보여준다. 소망하는 바, 성취하고 싶은 바를 명징하게 상상하라. 분명히 우리가 원하는 바를 달성 하는데 큰 힘을 준다.

자아도취라는 적

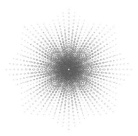

지금까지 신경과학 및 인지과학적 관점에서 'the Sensing' 이 어떻게 우리를 성공할 가능성이 높은 사람으로 만드는지 살펴 보았다. 그러나 모든 동전은 양면을 갖고 있다는 고금 불변의 진리는 역시 시각화에도 마찬가지로 해당한다. 지금 껏 살펴본 것이 시각화의 밝은 부분이었다면, 시각화에도 어 두운 부분 즉 역효과가 존재한다. 1999년 캘리포니아대학 교 로스앤젤레스 캠퍼스의 리엔 팜(Liem Pham 심리학자)과 셸 리 테일러(Shelley E. Taylor 심리학자)는 성공을 생생하게 상상하는 시각화의 힘과 효과를 시험하는 실험을 진행했다. 연구 팀은 중간고사를 일주일 앞두고, 심리학 기초 수업 수강생을 모아 다음과 같이 세 그룹으로 나누었다.

A 그룹	다가올 중간고사에서 좋은 성적을 받는 모습 그리고 그 순간 얼마나 기분이 좋을지 구체적인 이미지를 그리며 시각화
B 그룹	다가올 중간고사를 대비해 언제, 어디서, 어떻게 공부하는지 구체적인 임지를 그리며 시각화
C 그룹	A 그룹 및 B 그룹의 대조군으로서 아무 것도 시각화 하지 않고 공부한 시간만을 기록

[표 4]

일주일간의 중간고사 준비 기간을 거친 뒤 나타난 성과를 정리해보면 다음과 같다.

	학습량	성적	특이사항 ·
A 그룹	3위	3위	스스로 만족감을 느낌
B 그룹	1위	1위	중간고사에 대한 스트레스와 불안 경감
C 그룹	2위	2위	–

[표 5]

당연하게도 공부하는 과정을 상상했던 B 그룹이 실제로

학습량도 가장 많았고, 다시 말해 가장 열심히 공부했고 성적도 좋았다. 더불어, 중간고사에 대한 불안감도 줄어들었다.

이 연구 결과에서 절대 놓쳐서는 안 될 교훈이 두 가지 있다. 첫 번째 교훈은 계속 강조해왔듯 올바른 시각화에는 이렇게 목표를 이루는 과정을 상상하는 것이 반드시 포함되어야 한다는 사실이다. 두 번째 교훈은 A 그룹과 C 그룹을 비교해보면서 찾을 수 있다. 성공한 모습과 기분 좋은 느낌만을 시각화했던 A 그룹은 시각화를 전혀 하지 않았던 C 그룹에 비해 성적도 낮고, 실제 학습량도 적었다. 오로지 나은 점이라고는 그들 스스로가 스스로 만족했다는 점뿐이다. 왜 이런 결과가 나왔을까? 그리고 이것이 시사하는 바는 무엇일까?

성공하는 순간을 상상하는 것은 우리에게 분명한 만족감을 준다. (왜냐하면 뇌는 현실과 실제를 구분하지 못하니까!) 그런데 이 만족감은 우리가 목표를 향해 나아가도록 동기부여를 하기도 하지만, 수동성의 함정에 빠뜨릴 수도 있다. 이미 원하는 바를 이룬 것 같은 착각을 일으키기 때문에 현실 세계에서 목표를 달성하기 위해 필요한 작업 행동을 감소시키고, 나아가 그럴 의욕마저 감퇴시킬 수도 있다. 자기 만족감에 취해버려 막상 실천해야 하는 행동을 하지 않는 것이다. 시각화를 통해 얻는 자기 만족감은 동기부여와 수동성이라는 양날의 칼인 것이다. 그리고, 앞서 살펴본 실험 결과에 따르면 수동성이라는 칼날이 더욱 예리하게 작용하는 것으로 보인다. 조금만 생각해봐도 장밋빛 미래를 꿈꾸다 막상 해야 할 일을 하지 않아 기대치에 못 미치는 결과를 내는 경우는 우리 주변에서 쉽게 찾아볼 수 있다. 흔히 자격증을 취득하기 위한 시험공부를 할 때, 가장 쉽게 들을 수 있는 조언 중 하나는 시험에 '대해(About)' 공부하지 말고, 시험공부를 하라는 이야기이다. 어떤 사람들은 시험공부를 하기보다 시험이 어떻게 구성되어 있지, 시험 시간이 어느 정도 걸리는지, 과거의 출제 경향이 어땠는지 등 시험 자체를 연구하는 데 주력한다. 시험 자체에 대한 이해도가 높아질수록 그 시험에 합격하는 긍정적 미래를 떠올리며, 마치 자신의 실력이 상승한 것 같은 착각을 하기 시작한다. 그러나 이것은 명백한 오해이며, 이 오해는 막상 반드시 수행해야 하는 과업을 수행하는 데 방해가 된다. 시험공부를 하려고 할 때면 마치 이미 그 시험을 붙을 만한 사람이 되었다고 착각하게 되기 때문이다.

시각화의 역효과는, 정확히 표현하자면, 시각화로 인해 느끼게 되는 자기 만족감의 역효과는 수동성이 끝이 아니다. 목표를 달성하는 모습을 계속 상상하며 자기 만족감을 느끼다 보면, 자연스레 목표 달성에 대한 기대감 역시 커진다. 앞서 든 시험공부의 예시를 이어가자면, 정작 해야 하는 공부는 소홀히 한 채, 시험 자체에 탐구하다 보면, 요즘 유행하는 '행복회로를 돌린다.'라는 표현 그대로 긍정적인 기대만 하게 되는 것이다. 필요한 행동은 하지 않으면서 기대감은 커져만 갔을 때, 실제로 만족할 만한 결과가 나타난다면 그야말로 행복한 상황이지만, 만약 목표 달성에 실패한다면 그때 느끼는 실망감은 어마어마할 것이다. 실망감이란 본디 기대감에서 비롯되는 것이기 때문이다. 단적으로 말해 시각화를 통해 자기 만족감과 기대감을 품지 않았더라면, 목표 달성에 실패하더라도 심기일전하여 다시 한번 도전할 수 있지만, 자기 만족감과 기대감이 너무나 커져 버린 상태에서 실패를 경험하게 되면 해당 목표를 위해 다시 노력할 의지와 열정 자체가 아예 꺾여 버리는 상황이 발생할 수도 있다는 의미이다.

행동과 실천이 중요하다는 말은 너무나 당연한 이야기이다. 그런데 왜 시각화를 할 때 이런 당연한 사실을 놓치게 되는 것일까? 그 이유는 마케팅에 있다. 많은 유튜브 동영상, 출판 마케팅에서 시각화를 마치 가만히 생각만 하면 모든 것을 이뤄 주는 궁극의 기술처럼, 때로는 램프의 요정 지니처럼 포장한다. 아무것도 하지 않고, 상상만 해도 소원을 이룰 수 있다는 메시지는 너무나 매력적이다. 별로 힘들어 보이는 것이 없기 때문이다. 그러나 안타깝게도 물리적인 노력과 에너지를 들이지 않고 성취할 수 있는 것은 이 세상에 존재하지 않는다. 시각화의 진정한 효과를 누리려면, 이러한 유혹에 넘어가서는 안 된다. 강렬한 상상은 큰 도움을 주는 것이 명백하지만, 반드시 실천적 행동이 수반되어야만 한다. 정리하자면, 시각화가 역효과를 만들어 내는 결정적 요인은 바로 자기 만족감과 이에 따른 기대감이다. 목표를 이룬 것처럼 자기 자신에게 만족해버리면, 자기 주도적 태도를 잃게 되고, 이것은 실천의 결핍, 행동의 부재로 이어지게 된다. 실천적 행동이 결여된 상상의 끝이 어떨지는 우리 모두 잘 알고 있다. 그리고 설상가상으로 무지막지하게 커져 버린 기대감이 여기에 더해진다면, 시각화가 동기부여를 하여 목표로 나아가게 하기는커녕 포기의 원천이 되어 버릴지도 모른다.

그렇다면, 시각화의 역효과를 예방하기 위해서는 어떻게 해야 할까? 가장 효과적인 근본적 예방책은 역시 '행동'을 하는 것이다. 그러나, 이 조언은 뭔가 묘하게 불만족스럽다. 시각화는 시각화고, 행동은 행동이라는 식으로 별개의 이야기를 하는 것처럼 느껴지기 때문이다. 시각화하는 과정에서 역효과를 예방할 수 있는 방법은 없을까? 있다! 그것도 두 가지 서로 다른 예방책이 있다. 첫 번째는 이미 살펴본 바와 같이 목표를 이루는 과정까지 같이 생각하는 것이다. 원하는 바를 기쁘게 성취하는 모습을 상상하는 것은 물론 꿈의 지점에 도달하기까지의 여정도 굉장히 세세하게 상상하고 떠올려야 한다. 목표 달성 과정까지 상상하는 것 자체가 행동을 취하는데 도움을 줄 것이다. 두 번째 예방책은 스토아 철학자들이 제안하는 '부정적 시각화(Negative Visualization)이다. 스토아 철학자들은 '프리메디타치오 말로룸(Premeditatio Malorum)'이라는 마음가짐을 품고 살았다고 전해진다. 이것은 '최악의 상황에 대해 예상하는 것'을 뜻하는데, 현대에 와서는 '부정적 시각화'라고 번역된다. 전 서울대 종교학과 배철현 교수는 만약 스토아 철학자였던 세네카가 여행을 계획한다면, 그는 여행 중에 벌어질 수 있는 온갖 불행들을 미리 꼼꼼하게 따져보고, 그것들이 발생하지 않도록 노력할 것이라 말했다. 온갖 부정적인 상황들을 미리 따져보고 준비한다는 것이다. '부정적 시각화'는 발생할 수 있는 최악의 시나리오를 미리 떠올려 보는 것이다. 여기서 한 가지 오해가 있을 수 있는데, '부정적 시각화'는 발생할 수 있는 최악의 시나리오를 '걱정'하는 것이 아니라, '상상'하는 것이다. '대비를 위한 상상'이 '부정적 시각화'의 핵심이다. '부정적 시각화'를 잘못 이해하면 부정적인 것을 끌어당겨 오는 결과를 낳게 되는 것 아니냐고 생각할 수 있다. 만약 부정적 시각화를 통해 미래에 있을 고난과 역경에 대해 걱정만 한다면 정말 그렇게 될 것이다. 그러나, 고난과 역경을 상상하고, 그것에 맞게 대비한다면, 오히려 미래에 있을 고난과 역경에서 점점 더 멀어지는 효과를 낼 것이다.

이전 챕터에서 시각화가 우리를 성공으로 이끄는 마지막 이유로 유비무환의 자세를 갖추게 하는 점을 살펴보았다. 시각화의 역효과를 예방하는 것은 결국 유비무환의 자세를 갖추는 것에서 출발한다. 자기 만족감에 취하지 않기 위해 성취의 순간과 그 순간에 다가가기 위한 모든 여정을 상세하게 상상하고, 그 상상의 과정속에서 긍정적인 면과 부정적인 면을 모두 떠올리는 것은 자기 만족감에 취해 필요한 행동을 하지 않고, 손 놓고 있는 수동성의 늪에 빠지지 않도록 도울 것이다. 그런데, 부정적 시각화는 수동성의 함정에서 탈출시키는 것 이외에 두 가지 효과가 더 있다.

첫째로, 적절한 긴장감을 준다. 심리학에는 '쾌락 적응'이라는 용어가 있다. 미국의 긍정심리학자 소냐 류보머스키 교수가 연구한 이 개념은 행복감이 반복될수록 그 수준이 줄어

들어 종국에는 별 게 아닌 것이 된다는 것이다. 예를 들면, 꿈에 그리던 스포츠카를 구매하면 처음에는 행복감이 이루 말할 수 없이 크지만, 금세 익숙해져 버려 그 행복감이 몇 달 뒤에는 사그라드는 경험과 같은 것이다. 시각화를 통해 목표를 이룬 모습을 계속 상상하면, 분명 우리는 만족감을 얻을 수 있다. 그런데 '쾌락 적응' 개념의 관점에서 보면, 반복된 시각화로 얻게 되는 만족감 역시 오래 가지 않는다. 만족감이 주는 동기부여의 기능과 수동성의 기능이 사실 그렇게 오래 가지 않을 수 있다는 의미이다. 이런 상황에서 '부정적 시각화'를 하는 것은 반복된 만족감으로 인해 느슨해진 마음가짐에 새로운 긴장감을 심어줄 수 있다.

두 번째 효과는 더욱 중요하다. 바로 용기 있는 선택의 밑바탕이 된다는 것이다. 잠깐 어느 창업가의 젊은 시절을 살펴보자. 한 미국인 청년이 있었다. 그는 회사를 다니는 것보다는 꿈과 희망을 갖고 자신의 비전을 실현하는 창업이라는 선택지를 놓고, 오랜 시간 고민을 했다. "창업했다가 망하면 어떡하지?" 그 청년이 고민하는 내용의 핵심은 이것이었다. 다시 말해 최악의 상황에 대해 걱정하고 있었던 것이다. 그는 걱정하는 최악의 상황을 조금 더 구체적으로 상상해보기로 했다. 그의 상상은 '하루를 단돈 1달러로 살아내야 하는 삶'이었다. 내친김에 이 상상을 직접 체험해 보기로 했다. 한 달 동안 30달러로 살아보기로 한 것이다. 그는 30달러 치 냉동 핫도그와 오렌지만 먹으면서 한 달을 버텨 보았다. 최악의 상황을 걱정하기만 하는 대신 상상해보고, 직접 체험해보기까지 한 뒤, 그가 깨달은 사실은 단순했다. 그가 걱정했던 것보다 힘들지 않았다는 것이다. 그는 결국 창업의 길을 택했고, 현재 세계 최고의 부자로 손꼽히고 있다. 바로 일론 머스크의 이야기다. 이처럼 '부정적 시각화'는 선택의 용기를 불어넣기도 한다. 많은 사람이 선택을 주저하는 이유 중 하나는 결과가 나쁠 것이 예상되기 때문이 아니라 결과를 알 수 없기 때문이다. 무지에 대한 공포보다 큰 것은 없다. 이럴 때 부정적 시각화는 실체가 없는 두려움을 현실적인 선택의 대상으로 치환하는 역할을 한다. 앞서 시각화가 우리를 성공으로 이끄는 첫 번째 이유로 선택을 돕는다고 강조한 사실이 기억나는가? 긍정적이든 부정적이든 정확한 방법으로 수행한 시각화는 우리가 보다 용감하고 효율적으로 '선택'할 수 있도록 돕는다.

지금껏 시각화가 가진 힘에 대한 뇌과학적 근거를 알아보고, 시각화가 어떻게 우리를 비지니스 차원에서 성공으로 이끌어 주는지 그 원리를 탐구해보았다. 나아가 시각화가 역효과를 내는 경우에 대해서도 살펴보았다. 이제 본격적으로 시각화를 훈련하고 실천하는 방법에 대해서 알아볼 차례이다. 앞으로 시각화를 자신의 삶에 효율적으로 적용할 수 있도록 고안된 구조적이고 체계적인 더 센싱 5단계 로드맵을 소개할 예정이다. 더 센싱 5단계 로드맵을 충실히 훈련하면 일상속에서 긍정적인 변화를 만들어낼 수 있고, 소망하는 바와 차츰차츰 가까워질 것이다. 목표 달성과 소원 성취의 길잡이가 되어 줄 더 센싱 5단계 로드맵을 만나보자.

Part 2

부는 가까워지는

더 센싱 5단계
로드맵

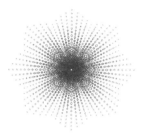

    뇌 과학에 근거한 인생 주도 로드맵 '더 센싱 the Sensing'은 삶 속에서 원하는 바를 성취할 가능성을 대폭 증가시키는 체계적인 목표 달성 시스템이다. 목표를 어떻게 생생하게 상상해야 할지, 원활한 시각화를 위한 사전 준비와 시각화를 하는 과정에서 흔들리지 않고, 계속 앞으로 나아가기 위하여 어떤 것을 해야 하고 또 어떤 것을 조심해야 하는지 종합적으로 다루는 총체적 로드맵이다. 로드맵을 살펴보기에 앞서, 지금껏 이 책의 전반부에 걸쳐 살펴본 'the Sensing'의 핵심 개념을 정리하면 다음과 같다.

the Sensing : 시각, 청각, 후각, 미각, 촉각 등 오감과 운동 감각, 고유수용성 감각 그리고 신체 내부에서 벌어지는 일을 포착하는 내수용성 감각에 이르기까지 느낄 수 있는 모든 감각을 총동원하여, 원하는 구체적인 목표를 이뤄나가는 과정에서 발생하는 모든 디테일과 행동하는 내용 그리고 목표 달성 시의 감각과 감정을 생생하게 상상하는 것.

시각화의 긍정적 효과

1) 시각화는 우리로 하여금 보다 의미 있는 선택지에만 집중하게 만들어 더 나은 선택을 하게 만든다.

2) 시각화는 우리를 행운에 대해 보다 열린 마음을 가진 사람으로 변모시켜 운을 더 잘 인식할 수 있도록 만든다.

3) 시각화는 끈기를 기르고, 당면한 문제 해결에 도움이 되는 창의성을 발휘할 수 있게 도와 회복탄력성을 갖춘 사람으로 만든다.

4) 시각화는 목표 달성을 위해 필요한 사소한 것들까지 빼

놓지 않고 준비할 수 있도록 만든다.

시각화의 부정적 효과

1) 목표를 달성한 순간을 상상하는 것의 긍정적 느낌에 취해
   자기 만족감이 커지면, 수동적인 태도가 나타나 실천적인
   행동이 감소할 수 있다.

유의사항

1) '시각화'라는 단어의 뉘앙스 때문에 '시각'적인 상상만 하
   는 것으로 오해하지 말 것.

2) 목표를 설정할 때는 가능한 한 구체적인 날짜, 기간 및 데
   드라인, 금액, 기대치 등을 측정 가능할 수 있도록 수치화
   한 뒤, 긍정적인 문장으로 표현할 것.

3) 목표를 달성하고 소원을 성취하는 순간만을 상상하는 것
   이 아니라, 그 지점에 이르는 모든 과정을 구체적으로 상상
   할 것.

4) 원하는 바를 이뤄가는 과정을 상상할 때는 긍정적인 것만
   상상하는 것이 아니라, 발생할 수 있는 모든 장애물과 방

해 요인 등 부정적인 것도 상상할 것.

5) 시각화가 주는 긍정적인 기분과 만족감에 속아 현실 세계
에서 행동하는 것을 소홀히 하지 말 것.

6) 시각화할 때, 자신이 지금 잘하고 있는지 못하고 있는지
를 자문하며 시각화 자체에 대해 생각하고 집착하지 말고,
시각화하며 떠올린 상상 속으로 강렬하게 몰입할 것.

*확언, 감사 일기 등은 시각화와 상호보완적인 관계에 있으
며, 끌어당김의 법칙은 시각화가 성공적으로 이루어진 결과
이다.

시각화는 기본적으로 머릿속에서 '상상'이라는 형태로 이
루어지는 작업이기 때문에, 세부적인 내용을 언어로 표현하
는 데에는 분명히 한계가 있다. 그럼에도 불구하고, 개선할 여
지가 있는 시각화를 언어적으로 표현해보자면 다음과 같다.

의류 쇼핑몰을 운영하는 J는 매일 매일 굉장히 바쁜 일상을
보내고 있다. 회사원과는 다르게 정해진 스케줄이 별도로 없

는 J는 하루 중 틈날 때마다 다음과 같이 시각화를 실천한다. "언젠간 지금 운영하는 의류 쇼핑몰이 나만의 브랜드가 되어 월 5,000만 원씩 매출이 난다. 성공한 나는 근사한 옷을 입고, 자신감 있는 모습으로 브랜딩 노하우를 알려 달라는 강연을 진행한다. 나에게 열광하고 환호성을 보내는 사람들을 보면서 보람을 느끼고 뿌듯함을 만끽한다." 불규칙한 일상을 보내는 J는 여유가 있는 날에는 하루에 아침, 점심, 저녁 3번이나 시각화를 실천하지만, 어떤 날은 너무 고단한 하루를 보내느라 시각화라는 것을 떠올릴 겨를조차 없다. 장사가 잘되는 시기에는 며칠 동안 일에만 매달리게 된다. 시각화 훈련을 하면서도 이따금 본인이 잘하고 있는 것인지 의심이 들 때도 있다. 무엇보다 막상 상상을 할 때는 어떤 일이든 잘 해낼 수 있을 것 같지만, 시각화를 마치고 현실로 돌아오면 어떤 일을 먼저 해야 할지, 어떻게 해내야 할지, 도통 감이 잡히지 않아 매일 똑같은 일상의 쳇바퀴에서 벗어나지 못하는 기분이다. 시각화를 열심히 하고 있기는 한데, 예상치 못한 블랙컨슈머를 만나게 되면, 금세 실의에 빠져버리게 된다. 그러다보니 블랙컨슈머를 만나 납득하기 어려운 환불 요구에 시달린 날, 목과 어깨가 바싹 긴장된 채로 시각화를 시도하다가 그대로 잠들어 버리는 경우도 있다. 결과적으로, 누군가 J에게 시각화를 실천해서 효과를 보았느냐고 물어본다고, 무언가 좀 나아진 것 같은 느낌이 들기도 하지만 확실히 콕 집어서 효과를 봤다고 말하기엔 조금 자신이 없다.

J는 가상의 인물이지만, 많은 사람이 시각화를 처음 할 때 겪는 보편적인 실수의 집합체이기도 하다. 물론 J가 시각화를 하는 내용 중 참고할 만한 점이 분명히 있으나, (이를테면, 월 매출 5,000만 원이라는 정확한 수치) 개선할 수 있는 점들도 많다. 잠깐 책장을 덮고, 먼저 생각해 보라. J의 시각화는 어떤 점을 추가하고, 어떤 점을 수정하면, 보다 효과적으로 개선될 수 있을까?

효과적으로 개선해 보기

하나하나 개선점을 살펴보자. 위 사례는 시각화 훈련의 내적인 차원과 외적인 차원으로 나누어볼 필요가 있다. 먼저 시각화의 내적인 차원부터 개선해 보자. 현재 J가 실천하고 있는 시각화 속의 목표는 매우 모호하다. J의 시각화 내용을 보면, 명확한 목표를 파악하기 어렵다. 월 5,000만 원의 매출을 올리는 것인지, 그 매출로 무엇을 하고 싶은 것인지, 궁극적으로 브랜딩 강연을 하고 싶은 것인지 알 수 없다. 불명확한 목표는 시각화의 고장난 나침반과 마찬가지이다. '데드라인' 역시 설정되어야 한다. J는 현재 '언젠가'를 꿈꾸고 있다. 정확히 언제까지 달성하고 싶은 목표인지 정확한 기한을 설정해야 한다. 또한, J가 시각화하는 내용은 시각적인 이미지라는 한계점을 갖고 있다. 과정이 빠져있다는 뜻이다. J의 시각화를 개선하기 위해서는 상상 속에서 어떤 행동을 하는지도 포함해야 한다. 현재 J의 시각화는 자신이 바라는 모습을 그저 바라만 보고 있는 것에 불과한데, 진정한 시각화는 자신이 바라는 모습을 직접 '그려나가는 것'이다. 예를 들자면, 블랙컨슈머의 말도 안 되는 요구에 침착함을 잃지 않고, 능숙하게 대응하는 자기 자신을 떠올리는 것이다. 이 과정에서 발생할 수 있는 온갖 우여곡절도 상상해 내야 한다. 단순히 멋진 모습만을 상상한다면, 자기 만족감이 만드는 수동성의 함정에 빠질 수 있다. 문제를 멋지게 돌파해 내는 자신을 떠올려야 한다. 만약 J가 멋진 강연을 성공리에 마치는 모습을 그린다면, 자신이 어떤 메시지를 어떤 태도로 전달하는지 아주 구체적이고 생생하게 상상해야 한다. 이 과정에서 시각적인 것, 즉 이미지를 넘어서 청각, 후각, 내수용성 감각 등 모든 감각을 활용해야 한다. 강연을 시작하기 전에 어떤 긴장감이 드는지, J의 강연을 들은 청중들이 어떤 환호를 어떤 목소리로 던지는지, 강연장의 환경은 어떠한지 감각적 상상력을 총동원해야 한다.

이제 시각화를 둘러싼 외적인 차원에서 어떤 것을 개선할 수 있는지 살펴볼 차례이다. J는 현재 시각화를 매우 불규칙적으로 훈련하고 있다. 하루 중 3회나 하는 것은 대단히 긍정적인 부분이지만, 어떤 날은 아예 한 번도 하지 않고, 또 며칠째 (본의 아니게) 시각화를 멀리하는 경우도 있고, 몸과 마음이 긴장된 채로 시각화를 시도하다가, 제대로 상상하지 못하고 잠들어 버리는 경우가 있다. 이런 외적 차원에서의 개선은 간단하다. 무엇보다, 매일 매일 꾸준히 규칙적으로 조금씩 하는 것이다. 시각화는 시간이 남을 때 하는 것이 아니다. 일부러 시간을 안배하여 투자해야 하는 대상이다. 그리고 시각화를 하기 전에 긴장을 이완해야만 한다. 바쁜 하루를 살다 보면, 긴장을 이완하기 쉽지 않을 때가 많다. 이럴 때는 긴장을 풀어주는 다른 명상, 테라피 등을 병행하여 몸과 마음을 이완한 뒤, 시각화를 연습해야 한다. 마지막으로, 현실 세계에서 필요한 행동이 결여되어 있다. 목표를 달성하기 위해서는 '행동'을 해야 한다. 지금 J의 사례는 사실 망상에 가깝다. 아무런 현실적 노력도 하고 있지 않기 때문이다. 매출을 끌어올릴 방법을 강구하고, 연구하고, 전문가를 찾아 조언을 들어야 한다. 강연을 하고 싶다면, 자신을 불러주고 초대해줄 수 있는 곳을 적극적으로 찾아 나서야 한다. 마지막으로, J는 시각화에 앞서 자신에게 잠재된 부정성을 제거하고, 긍정성을 충전해야 한다. 스스로 하고 있는 시각화가 맞는지 긴가민가 하다면, 당연히 그 효과는 떨어질 수밖에 없다. 그리고 이렇게 자신의 시각화에 확신이 부족하다면, 주변에서 시각화의 효과에 대한 질문을 던질 때 자신감 있게 대답하기 어렵고, 이렇게 자신감이 부족한 대답은 스스로 시각화 훈련을 의심하게 만드는 악순환의 단초가 된다. 시각화를 성공적으로 해내기 위해서는 이렇듯 생각보다 신경 쓸 것들이 많다. 그렇기 때문에 천천히 단계적으로 밟아나갈 수 있는 체계적인 시스템이 필요하다.

더 센싱 5단계 로드맵은 시각화를 처음 접할 때 놓치기 쉬운 점들을 손쉽게 챙기고, 목표 달성을 향해 점진적으로 나아가게 만드는 방법론이다. 단계별 핵심 과업이 명확하게 설정되어 있어 더 센싱를 훈련하는 과정에서 중간에 포기하는 것을 예방할 수 있다. 더 센싱 5단계 로드맵은 '정화 - 강화 - 실천 - 대응 - 도약'의 단계로 이루어져 있으며, 이것을 모형화하면 다음과 같다.

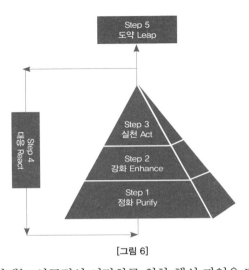

[그림 6]

각 단계는 성공적인 시각화를 위한 핵심 과업을 담고 있다.
정화 단계는 잠재의식에 존재하는 부정성을 덜어내는 것이
주요 목표이다. 이것은 마치 (-) 상태에서 부정성이 사라진
(0) 상태로 나아가는 과정이다. 강화 단계는 부정성이 사라
진 잠재의식을 긍정성으로 채워 넣는 것이다. (-) 상태에서
(0) 상태로 나아간 뒤, 다시 (+) 상태로 나아가는 과정이다.
실천 단계는 '원하는 바를 생생하게 상상하는 것'으로 알려
진 좁은 의미의 시각화를 훈련하는 단계이다. 이 단계는 시
각화를 보다 효과적으로 할 수 있도록 다양한 기술과 요령을

습득하고, 나아가 현실 세계에서 필요한 행동을 수행하는 것으로 이뤄진다.

시각화는 기본적으로 '정화 – 강화 – 실천' 3단계로 충분하지만 더 센싱 5단계 로드맵에서는 2가지 단계 '대응 – 도약'이 추가되어 있다. 우선, 대응은 시각화를 연습하다 보면 중간중간 포기하고 싶은 마음이 들거나 의구심이 들 때가 있는데, 이런 순간에 현명하게 대처하는 단계이다. 위 모형에서 알 수 있듯이 대응 단계는 그저 한순간 지나치듯 치부할 단계가 아니다. '정화 – 강화 – 실천'의 3단계를 꾸준히 수련하다 보면, 중간중간 흔들리는 순간이 찾아오는데, 그럴 때마다 현명하게 대처하고, 다시 초심으로 돌아가기 위한 단계가 바로 '대응'이다. 따라서, 정화에서 대응에 이르는 과정은 일종의 순환 알고리즘이라 할 수 있다. 이 알고리즘을 계속 순환하다 보면, 조금씩 자신의 삶에서 추구하는 진정한 목표를 깨닫게 되고, 단순히 목표 하나를 달성하는 것에서 벗어나 더 나은 사람으로 성장하게 된다. 이를 위한 단계가 바로 '도약'이다. 단계별 주요 키워드는 다음과 같다.

Step 1. 정화 : 시각화에 앞서 기존에 갖고 있던 비합리적 신

념 등 뇌의 부정적 관성을 정화하는 단계

a) 잠재의식 개선 b) 현재 상태 파악

Step 2. 강화 : 정화 단계에서 비워낸 부정성을 긍정성으로

다시 채워 넣는 단계

a) 확언 b) 목표 수립 c) 감사와 칭찬

Step 3. 실천 : 본격적으로 일상에서 시각화를 훈련하고 체

화하고, 나아가 목표 성취에 필요한 행동을 실

천하는 단계

a) 긴장 이완 및 감각 활성화 b) 상상 c) 행동

Step 4. 대응 : 시각화를 실천하는 과정에서 역효과가 발생하

지 않도록 적절히 검토하고 관리하는 단계

a) 실패의 시련화 b) 외부 소음 줄이기

c) 작은 승리 누적

Step 5. 도약 : 시각화의 결과로 나타나는 것들을 올바르게

바라보고, 내 삶의 창조성을 길러 성공을 향해

도약하기

a) 내 안의 욕망 들여다보기

b) 내 안의 영감 발현시키기(글쓰기)

c) 학습과 독서

더 센싱 5단계 로드맵을 모두 밟아나가는 데 있어 정해진 기한은 없다. 생활의 일부로써 꾸준히 실천해 나갈 것을 추천한다. 시각화를 몸에 완전히 체화시키기 위해서 처음에는 시간과 공간을 정해서 훈련하기를 추천한다. 매일 아침 침대에서 일어나 바로 책상에 앉아서 10분, 잠들기 직전 침대에 누워 10분과 같이 자신의 하루 리듬에 맞추어 스케줄을 규칙적으로 훈련하는 것이 시각화를 빠르게 체화하는 길이다.

시각화를 하기에 가장 적합한 자세는 두 가지가 있다. 의자에 앉아서 하는 것과 누워서 하는 것이다. 의자에 앉아서 하면 정신을 집중시키기 한결 쉽다. 이때 주의해야 할 것은 발바닥이 바닥에 붙어 있어야 한다는 것이다. 양 발바닥이 바닥에 닿아 있을 때 감각을 느끼기 쉽기 때문이다. 발바닥은 우리의 몸에서 고유수용성 감각이 가장 발달한 곳 중 하나이다. 발바닥을 바닥에 붙이고 척추를 바르게 펴고 정신을 집중시키자. 바닥에 앉아 가부좌 자세를 틀고 시각화를 할 수도 있다. 가부좌 자세가 불편하지 않다면 문제없다. 그러나, 많은 사람이 가부좌 자세 자체가 고통스러워 시각화에 집중할 수 없는 경우가 많다. 누워서 하는 시각화 명상을 하는 것은 몸과 마음의 긴장을 풀고 고요한 상태에 쉽게 진입할 수 있다는 장점이 있으나, 쉽게 잠들어 버릴 수 있다는 단점이 있다. 그렇기 때문에 고도로 집중하기 위한 목적보다는 몸과 마음의 긴장을 풀고 긍정성을 채우기 위한 목적으로 하는 것이 좋다. 잠들기 전 긍정성을 채워 넣는 일은 매우 중요하다. 아침에 눈을 떴을 때의 컨디션을 결정하기 때문이다.

'열린 마음'은 더 센싱 5단계 로드맵을 잘 따라가기 위해 반드시 갖춰야 할 태도이다. 시각화라는 것은 기본적으로 정신 훈련이며, 시각화를 비롯한 모든 정신 훈련은 '개념 이전에 체험'의 원칙이 적용된다. 머리로 이해하고, 원리를 납득하는 것도 중요하지만, 그것에 집착할 이유가 전혀 없으며, 직접적으로 체험하고 경험하면, 자연스레 그 핵심을 알아차리게 된다. '열린 마음'을 갖춰야 한다는 조언은 너무나 흔하게 쓰이므로 현대에 와서는 그 가치를 잃어버린 듯하다. 여기저기 남발되기 때문에 '열린 마음'이라는 개념을 깊숙이 알아보고자 하는 경우도 드물다. 다음 그래프는 유럽에서 손꼽히는 창의적 비지니스 교육 기관인 카오스파일럿의 'Powerful Presence' 클래스에서 강조하는 마음가짐이다.

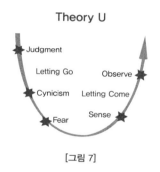

Theory U

[그림 7]

카오스파일럿에서 마인드풀니스의 개념을 커뮤니케이션에 적극적으로 접목하려고 시도하는 크리스틴 버클랜드 교수는 인간이 새로운 개념을 받아들이는 과정에서는 버려야 하는 것이 3가지 있다고 말한다. 그래프의 좌측에 있는 '판단(Judgment), 냉소주의(Cynicism) 그리고 두려움(Fear)'가 그것이다. 새로운 배움의 기회가 있을 때 사람들은 그것이 옳은지, 틀린 지, 얼마나 효과가 있는지, 투자 가치가 있는지 등을 '판단'하고자 할 것이다. 그다음, 그 배움의 기회에 대해 배워도 그만 안 배워도 그만이라는 식의 냉소적인 시선을 견지할 것이다. 마지막으로, 우리 내면에 가장 깊은 지점에서 '배움'에 필연적으로 수반되는 변화에 대한 '두려움'을 만나게 된다. 이 세 가지를 흘려보내야 비로소 자신에게 찾아오는 배움을 감각하고 관찰할 수 있다고 한다.

'시각화'도 마찬가지이다. 시각화에 대해 판단하고 싶고, 냉소적으로 반응하게 되고, 거부감이 들 수도 있다. 그러나, 크리스틴 버클랜드의 표현을 빌자면, '무언가 새로운 것을 배우는 것은 스파게티 면을 삶는 것과 마찬가지다.' 그녀는 어린 시절 스파게티 면을 삶을 때, 스파게티가 잘 익었는지 파악하기가 너무 어려웠다고 기억한다. 그래서 그녀가 택한 방법은 바로 스파게티 면 하나를 들어 벽에다가 던져보는 것이었다고 한다. 스파게티 면이 충분히 익었다면 벽에 찰싹 붙을 것이고, 그렇지 않으면 붙지 않을 테니까. 그녀는 배움이란 이런 것이라고 말한다. '적정한 시기에 자신의 마음에 찰싹 달라붙는 것이 바로 배움이다.' 더 센싱 5단계 로드맵을 따라 처음 훈련할 때는 익숙하지 않고, 헷갈리기도 하고, 확신이 부족할 수도 있다. 그러나 판단과 냉소주의와 두려움을 모두 걷어낼 때까지 꾸준히 지속하면, 어느 순간 일상생활에 그리고 자신의 삶에 찰싹 달라붙게 될 것이다. 그리고 그날은 오늘의 나에 비해 성공할 확률이 훨씬 높은 사람으로 멋지게 도약한 나를 발견하는 날일 것이다.

정화
Purify

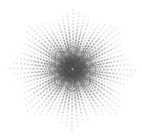

"마음은 빙산과 같다. 커다란 얼음덩어리의 일부만이 물 위로 노출된 채 떠다닌다. – 지그문트 프로이트**"**

시각화 훈련을 시작해보고자 유튜브 등에서 자료를 찾아보면, '잠재의식의 부정성'을 바꿔야 한다는 이야기를 쉽게 볼 수 있다. 더 센싱 5단계 로드맵의 시작 역시 바로 '정화' 단계이다. 앞서 언급했듯 정화란 부정적 습관, 부정적 사고 방식, 비합리적 신념 등 우리의 뇌에 이미 탑재된 부정적 관성을 제거하는 것이다. 여기서 이런 질문이 생길 수 있다.

"시각화를 하는 것 자체가 잠재의식을 바꾸려고 하는 것 아닌가?"
"시각화를 하기 위해서 사전에 잠재의식을 바꿔야 한다는 건 뭐지?"

시각화는 (계속 강조하지만) 우리를 성공할 가능성이 높은 사람으로 만들어 주는 기능을 한다. 다시 말하면, 성공하기 유리한 뇌의 조건을 만드는 것이다. 그런데, 만약 잠재의식이 부정성으로 가득 차 있다면, 시각화를 아무리 해도 그 효과를 보기 어렵다. 정확히 말하자면, 부정적인 잠재의식은 자기 불신, 의심, 이유 없는 불안, 우울감 등으로 시각화 자체에 몰입하지 못하도록 만든다. 즉, 잠재의식 안에 자리 잡은 부정성이 사라져야 시각화를 제대로 할 수 있는 것이다. 잠재의식에 내재 되어 있는 부정적인 습관, 사고방식, 믿음, 신념, 관성 등을 제거하는 것은 효과적 시각화를 위한 선결 과제이다. 그렇기 때문에 많은 서적, 강의 영상 등에서 '잠재의식 속 부정성을 개선하라'고 말한다. 그러나, 이 짧은 문장은 사실 대단히 다층적인 개념들을 한데 묶어서 표현한 것이다. 결론부터 이야기하자면, 시각화와 관련하여 보편적으로 다루는 '잠재의식 안에 존재하는 부정성'이라는 개념은 인류의 진화과정에서 축적된 호모 사피엔스의 유전자적 관성 그리고 한 개인의 출생하여 성장하는 과정에서 여러 가지 원인에 의해 형성되고 각인된 인지 왜곡을 의미한다. 우선 잠재의식이라는 것을 살펴보자.

[그림 8]

잠재의식이라는 개념을 설명할 때, 가장 많이 인용되는 이미지는 다름 아닌 '빙산'이다. 인간의 정신 중 우리가 일상적으로 의식하고 있는 영역을 '의식'으로, 우리가 의식하고 있지 못한 부분을 '무의식'이라고 정의한다. 프로이트는 이런 마음의 구조를 체계적으로 제시한 최초의 학자이다. 사실, 그는 인간의 마음을 자각 수준에 따라 의식, 전의식 그리고 무의식 세 가지 차원으로 분류하였다. 의식은 익히 알려진 대로 인간이 자신의 정신, 마음의 영역 중 자각하고 있는 차원이다. 의식은 분석, 사고, 계획, 학습 등 고등 기능을 담당한다고 한다. 여기서 전의식과 무의식의 구분이 눈여겨 살펴볼만하다. 전의식의 또 다른 이름이 바로 잠재의식이다. 잠재의식은 평소에는 잘 의식하지 못하지만, 주의를 기울이면 의식으로 떠올릴 수 있는 것들이 모여 있는 영역이다. 이를테면, 장기기억, 습관, 신념 등이 있다. 예를 들어, 평소에는 어릴 때의 일이 평소에는 잘 생각나지 않는데, 유년기를 함께 보낸 친구와 대화하던 중에 떠오른다면, 그것은 잠재의식 속에 내재 되어 있다가 주의를 집중한 결과 떠오른 것이라고 할 수 있다. 무의식은 마음의 가장 밑바닥으로 일상적인 정신 활동에 영향을 미치지만, 알아차리지 못하는 것들이 모여 있는 것이다. 폭력성, 이기심, 수치심, 성적 충동, 두려움과 같은 것들이 그것들이다. 일반적으로 인간의 마음을 의식과 무의식으로 나눈다면, 전의식(잠재의식)은 무의식에 포함된다.

> *정신분석학에 관심이 있는 사람은 이미 알고 있겠지만, 프로이트는 훗날 성격의 '삼원 구조 이론'을 통해 마음의 구조를 보다 정교화하였다. 성격의 '삼원 구조'는 세 가지 개념으로 구성되어 있다. 성욕 등 본능적 충동으로만 이루어진 원초아, 본능적 충동과 주변 환경의 요구 사이에서 중재자 역할을 하는 자아, 그리고 사회의 도덕적 가치관을 반영하는 초자아가 그것이다.

　도덕성을 연구하는 뉴욕대학교의 심리학자 조나단 하이트 (Jonathan Haidt 대학교수, 심리학자)는 의식과 무의식의 관계를 코끼리에 올라탄 사람과 거대한 코끼리에 비유한다. 의식을 상징하는 코끼리에 올라탄 사람은 이성적인 판단을 할 수 있고, 눈앞에 있는 일을 분석하고 대비하고 계획을 세울 수 있다. 반면, 상대적으로 체격이 작은 만큼 에너지도 비교적 부족하다. 반면, 무의식을 의미하는 거대한 코끼리는 에너지가 굉장하다. 깊은 고민 없이 늘 익숙한 행동 패턴을 반복한다. 갑작스러운 방향 전환도 쉽지 않고, 새로운 동작을 하는 것이 매우 어렵다. 늘 루틴에 따라 관성적으로 행동하게 만드는 무의식의 특성을 잘 보여주는 비유이다.

그렇다면, 이 거대한 코끼리와 그에 올라탄 사람의 관계는 어떠할까? 아무리 사람이 원하는 바가 있고, 그것을 향해 나아가려고 해도 코끼리가 잘 따라주지 않으면 쉽지 않다. 코끼리를 잘 길들여야만 한다. 시각화와 잠재의식의 개선은 바로 이런 관계에 있다. 코끼리 위에 올라타서 원하는 지점을 설정하고, 거기까지 도달하기 위해서 무엇을 해야 하는지 연구하고, 분석하는 것이 시각화 과정 중 의식이 하는 일이라면, 잠재의식을 바꾸는 일은 바로 코끼리를 길들이는 것이다. 정화 단계에서 개선해야 하는 대상, 즉 '잠재의식 속 부정성'은 앞서 설명한 바와 같이 진화 과정에서 축적된 유전자적 관성 그리고 출생 이후 성장 과정에서 형성되고 각인된 인지 왜곡이다.

　유전자적 관성이란 무엇일까? 인간이라는 종이 진화하
는 과정에서 유전자에 각인되어 본능적으로 보이는 행동이
라고 할 수 있다. 거의 본능적인 행동에 행동하기에 앞서 이
성적으로 검토하기도 어려울뿐더러, 행동의 합리적인 이유
를 찾기도 어렵다. 만약 누군가 당신에게 아주 매력적인 제
안을 했다고 가정해보자. 제안의 내용은 이렇다. 900달러를
100% 확률로 받거나, 아니면 90%의 확률로 1,000달러를
받거나. 이 두 선택지 중 하나를 고르라고 한다면 무엇을 선
택하겠는가?

제안 상황	선택지 1	900달러를 100% 확률로 수령
	선택지 2	1,000달러를 90% 확률로 수령

[표 6]

　대부분 사람이 1번 선택지, 100%의 확률로 900달러를
받고자 할 것이다. 받을 수 있는 금액 자체는 1,000달러가

더 크지만, 받지 못할 가능성이 10%나 존재하기 때문이다. 반대의 상황을 생각해 보자. '선택지 1'은 이미 갖고 있는 1,000달러 중 900달러를 100% 포기해야 하고, '선택지 2'는 내가 가진 1,000달러를 90% 확률로 전부 포기해야 한다.

제안 상황	선택지 1	1,000달러 중 900달러를 100% 확률로 포기
	선택지 2	1,000달러 중 1,000달러를 90% 확률로 포기

[표 7]

이런 경우라면 어떤 선택을 하겠는가? 이번에는 많은 사람이 두 번째 선택지를 고르는 편이다. 첫 번째 선택 상황에서는 위험을 최소화하는 경향을 보였는데, 두 번째 선택 상황에서는 오히려 위험을 추구하는 선택을 한 것이다.

대니얼 카너만(Daniel Kahneman 심리학자, 경제학자)은 이렇게 복잡다단한 인간의 심리를 행동경제학의 관점에서 연구한 학자이다. (그는 노벨경제학상을 수상한 최초의 심리학자이기도 하다) 그는 인간의 사고 체계를 '시스템 1'과 '시스템 2'로 분류하였다. '시스템 1'은 진화적으로 오래된 시스템으로 무의식적으로 빠르게 작동하는데, 결정적 결함이 존재한다. 바로 복잡한 의사결정 또는 선택, 판단, 분석 등이 요구되는 질문을 최대한 간단한 질문으로 바꾸어 생각한다는 것이다. '시스템 2'는 진화적으로 봤을 때 새로운 시스템이다. 논리적이고 통계적인 사고를 담당하며, 의사결정의 최종 결정권자 역할을 한다. (물론, 이 '시스템 2'가 가동되지 않으면, '시스템 1'에 의한 즉각적인 판단과 선택이 최종적인 의사결정이 되어 버린다) 앞서 고민해본 제안 역시 '시스템 1'이 관여하는 상황이다. '사람은 이익보다 손해에 더 민감하다.'라는 '손실 회피 본능'이 대표적인 '시스템 1'의 특성이다. 이런 '시스템 1'의 특성은 우리로 하여금 잘못된 선택 또는 나중에 후회하게 될 선택을 하게 되는 경우가 있다. '시스템 2'를 활용한다면, 이런 오류를 막을 수 있는데, 왜 '시스템 2'를 제대로 활용하지 못할까? 뇌과학과 진화심리학의 관점에서 봤을 때, 인간이 먹고 싶은 걸 어렵지 않게 먹을 수 있는 풍요를 누린지는 오래되지 않았다. 따라서 우리 뇌는 아직도 끼니를 구하지 못할 때를 대비해 확실한 이익을 추구하고, 손실은 최소화하려는 성향이 남아 있다.

시스템 1 : 직관적인 빠른 사고
- 고속으로 자동적으로 행하여 멈출 수 없음
- 생각해야하는 노력이 거의 불필요
- 인상을 바로 느끼거나 연상이 가능
- 편견이 있음

시스템 2 : 논리적에 느린 사고
- 시스템1에서 답이 없을 때 행함
- 생각하는데 주의력이 필요
- 논리적 / 통계적 사고 가능
- 최종 결정권은 시스템 2가 가짐

[그림 9]

이런 유전자적 관성을 극복하기 위해서는 어떻게 해야 할까? 단순한 답은 '시스템 2'를 활성화하는 것이지만, 말처럼 쉽지가 않다. 보다 손쉬운 방법은 없을까? 정신과 전문의 겸 신경과학자로 오랜 시간 시각화에 대해 연구한 뒤, 현재는 코칭 전문가 및 강연가로 활동하고 있는 타라 스와트 박사는 그녀의 저서 『부의 원천』에서 최신 심리학과 뇌과학적 근거를 바탕으로 시각화의 효과를 극대화하는 방법을 소개한다. 그중 하나가 바로 현명한 결정을 내리기 위한 논리력을 강화하는 것이다. 그녀는 우리의 뇌가 논리를 적용할 때, 모든 행동에는 결과가 따른다는 인과 관계의 원칙을 근거로 삼는 특성이 때때로 문제가 된다고 지적한다. 이미 위에서 '시스템 1'의 결함이 바로 복잡한 문제를 단순하게 해석해버리는 데 있다고 말했다. 단순하게 해석해버린다는 의미가 바로 복잡한 문제를 대할 때 임의로 인과관계를 만들어 버린다는 것이다. 우리가 살면서 얼마나 쉽게 '아! A라는 결과가 나타난 것은 B 때문이야.'라는 식으로 생각해버리는지 떠올려보라. 이렇게 어떤 결과를 필연적으로 여기는 경향을 '잠행성 결정론 Creeping Determinism'이라고 한다. 타라 스와트 박사는 이런 식의 가짜 논리가 위험하고 잘못된 판단을 내리기 쉽다고 경고한다. 그녀가 제안하는 가짜 논리에 대한 예방책은 현재 상황을 판단하는데 과거에 유사한 경험이 영향을 미친다는 것을 깨닫는 데에서 출발한다. 따라서 늘 다음 세 가지 질문을 마음속에 품고 있길 권한다.

- 현재 상황과 과거에 있었던 비슷한 상황은 어떤 점에서 다를까?
- 나는 과거의 상황을 임의대로 해석하지 않고, 정확히 바라보고 있는가?

– 현재 상황을 다른 관점에서 생각해 본다면, 어떻게 이해할
  수 있을까?

중요한 것은 이 질문을 적용하는 자신의 모습을 시각화하
는 것이다. 어떤 중요한 의사결정을 해야 하는 순간에 이렇
게 반드시 고려해야 하는 포인트를 놓치지 않고, 따져보는
모습을 생생하게 상상하고, 시각화하라. 우리의 유전자 속에
새겨진 본능이 '급발진'하는 것을 막을 수 있다. 무엇보다 우
리의 뇌가 우리 뜻대로 작동하지 않는다는 사실, '시스템 1'
과 '시스템 2'가 각기 따로 기능한다는 사실을 인식하고 있는
것 자체가 큰 도움이 된다.

출생 이후 성장 과정에서 형성되고, 각인된 인지 왜곡을
개선하는 것은 유전자적 관성을 개선하는 것보다 더 중요하
다. 왜냐하면 일단 유전자적 관성을 개선하는 것보다 용이하
고, 개선했을 때 더 직접적인 효과가 나타나기 때문이다. 인
지 왜곡이란 일상생활 속에서 일어나는 사건을 받아들이는
과정에서 부지불식간에 범하게 되는 잘못 및 오류를 말하며,

인지적 오류라고도 한다. 왜곡이나 오류라는 단어가 잘 와닿지 않는다면, 부정적인 핵심 믿음이라는 말을 먼저 생각해 보자. 우리 안에 있는 근본적인 믿음 중에서 부정적인 성격을 띤 것들이 있다. 예를 들어, 어떤 사람이 평소 은연중에 '나는 원래 의지가 약한 사람이야.', '나는 원래 숫자에 약한 사람이야.'와 같은 생각을 품고 있었다고 해 보자. 그런 사람에게 회계사 시험을 준비해볼 것을 권유한다면 어떤 반응을 보일까? 여러 가지 경우의 수가 있겠지만, 쉽게 예상할 수 있는 것은 '나는 숫자에도 약하고, 의지도 강하지 않아서 오랜 시간 숫자 싸움하면서 시험공부 하는 건 잘 못 할 것 같아.'와 같은 반응 아닐까? 우리가 개선해야 할 부정적 믿음은 단순히 이렇게 자기 자신에 대한 것만을 의미하지 않는다. '세상엔 아무 이유 없이 잘해주는 사람 같은 건 없어.' 이런 믿음도 자기 자신을 옥죄는 부정적 믿음이다. 이런 부정적 믿음보다 더 문제가 되는 것은 부정적 사고방식 즉, 어떤 일이 벌어졌을 때 그것을 받아들이는 과정에 개입하는 인지적 오류들이다. 인지 심리치료의 권위자 데이비드 번스는 그의 저서 『필링 굿』에서 보편적인 인지 왜곡 10가지를 정리해 놓았다. 다음 표를 참고해 보라.

1. 전부 아니면 전무라는 생각(흑백논리, All or Nothing)	사물과 일을 흑과 백 두 별주로 나누어 바라본다. 자신의 성과가 완저하지 않았을 때 자신을 완전한 실패자로 여긴다.
2. 지나친 일반화	딱 한 번 부정적인 사건을 겪고, 실패가 영원히 되풀이될 것이라고 여긴다.
3. 정신적 여과	단 한 가지 사소한 부정적인 사실을 찾아내고는 거기에 집착한 나머지 자신의 모든 현실에 대한 전망을 어둡게 바라본다. 잉크 한 방울이 비커에 떨어져 그 안의 물 전체를 까맣게 물들이는 것과 같다.
4. 긍정적인 것 인정하지 않기	긍정적인 경험을 이런저런 이유를 들어 별거 아니라고 주장하면서 애써 부정한다. 이렇게 함으로써 자신의 실제 경험과 어긋나는 부정적 신념을 유지한다.
5. 지나치게 비약 하여 결론 내리기	자신의 결론을 지지하는 확실한 근거가 없는데도 부정적으로 해석한다.
6. 파국화 또는 과소평가	자신의 실수나 타인의 성과 등은 중요성을 과장하고, 자신의 장점이나 타인의 결함은 아주 사소한 것으로 부적절하게 축소해 버린다.
7. 감정적 추론	자신의 부정적인 감정이 실제, 현실을 반드시 반영 한다고 가정한다. '나는 그렇게 느낀다. 그러므로 그것은 틀림없이 사실이다.'라는 식으로 생각한다.
8. 당위적 사고 ('해야 한다')	'해야 한다.' 또는 '해서는 안 된다.라는 말로 스스로 동기부여 한다. 자신은 채찍질을 당하거나, 혼이 나야 어떤 일을 할 수 있다고 여기는 것과 같다. 게다가 '의무'와 '필수'는 감정을 해치는 요인이다. 그로 인해 초래되는 정서적 결과물은 죄의식이다. '해야 한다'를 다른 사람에게 적용할 때 스스로 화, 좌절, 분개심을 느끼게 된다.
9. 낙인찍기 / 엉뚱한 낙인찍기	지나친 일반화의 극단적 형태. 자신의 결점을 있는 그대로 바라보는 대신 부정적 낙인을 스스로 찍어 버린다. '나는 실패야.' 타인의 행동이 거슬리면 그 사람에게도 부정적 낙인을 찍는다. '저 녀석은 한심한 낙오자야.' 엉뚱한 낙인찍기는 편견과 감정이 잔뜩 실린 말로 어떤 사건을 규정하는 것이다.
10. 개인화	자신과 무관하게 발생한 부정적 사건에 대해, 실제로는 자신의 책임이 없는데도 자신의 원인이라고 생각한다.

[표 8]

거의 모든 사람이 위 10가지 인지적 오류 중 한두 가지는 갖고 있을 것이다. 그리고 같은 인지적 오류를 갖고 있다고 하더라도 그것이 작용하는 수준은 사람마다 차이가 있겠으나, 어떤 오류를 갖고 있든, 그것의 심각성이 어떠하든, 인지 왜곡은 우리의 삶을 방해한다. 별로 심각하지 않은 사건이 발생하더라도 인지 왜곡을 통해 우리는 그 사건을 왜곡하고, 그 결과 부정적인 판단과 분석을 하는 것은 물론, 기분 나쁜 감정까지 경험하게 된다. 이런 결과로 나타나는 행동은 어떠할까? 당연히 우리가 원하는 결과를 만들어 내기에는 턱없이 거리가 먼 행동일 것이다.

[그림 10]

인지 왜곡은 시각화에도 악영향을 끼친다. 위의 도식에서 '일상 속 생활 사건 발생'을 '시각화를 통한 긍정적인 상상'으로 고쳐도 달라지는 것이 없다. 아무리 시각화를 통해 긍정성을 주입하려고 해도, 인지 왜곡의 장을 거치면 시각화의 효과가 약해질 수밖에 없다. 우리가 긍정적인 방향으로 나아가고자 시각화할 때 갑자기 스멀스멀 올라오는 부정성이 바로 인지 왜곡의 결과이다. 이런 인지 왜곡을 선천적으로 갖고 태어나는 사람은 없다. 성장 과정에서 여러 가지 경험을 하며 형성하게 된다. 가정 내 분위기에 따라 특정한 인지 왜곡이 생길 수도 있고, 교우 관계에 따라서 만들어질 수도 있다. 오히려 어린 시절에는 특별한 인지 왜곡이 없다가 성인 이후에 누적된 실패를 경험하면서 인지 왜곡이 생겨날 수도 있다. 이는 다시 말하면, 늘 경계해야 하는 대상이라는 의미이다. 우리의 생각을 조종하고, 시각화를 자꾸 방해하는 인지 왜곡을 개선하는 첫걸음은 위의 표를 꼼꼼히 읽고 숙지하는 것이다. 일종의 커닝 페이퍼처럼 활용하는 것도 추천하는 방법이다. 부정적인 생각이 엄습해 올 때, 지금 찾아오는 이 부정적인 생각은 10개의 인지 왜곡 중 어느 것에 해당할지 생각해 보는 것이다.

데이비드 번스는 인지 왜곡에 따른 혹독한 자기비판을 극복해 내는 데 도움이 되는 구체적이고 실질적인 기법을 여러 가지 고안해냈다. 그중 가장 쉽게 적용할 수 있는 것이 바로 '세 칸 기법'이다.

자동적 사고	인지 왜곡	이성적 대응
"어제 회식에서 사람들에게 술에 취한 모습을 보이다니. 모두 나를 한심하게 생각할 거야."	지나친 일반화 전부 아니면, 전무라는 생각	"어제 회식은 모두 다 술에 취했기 때문에 나를 기억하는 사람이 별로 없을 거야. 또 사람들은 생각보다 다른 사람 일에 크게 관심이 없어."
"대표가 또 나를 불러서 지적하다니.나는 제대로 하는 일이 하나도 없어. 난 틀렸어. 이제 난 끝난 거야."	지나친 일반화	"대표는 내가 더 잘 해주 길 바래서 나를 지적 하는 거야. 관심도 없는 사람한텐 지적 할필요도 없으니까. 그리고 지금까지 해낸 일이 얼마나 많은데."

[표 9]

이 '세 칸 기법'을 활용하는 방법은 단순하다. 우선 자동적 사고란 말 그대로 어떤 사건이 벌어졌을 때, 자동적으로 사고하게 되는 내용을 적으면 된다. 그다음 인지 왜곡 칸에는 자동적 사고 칸에 적은 내용이 10가지 인지 왜곡 중 어떤 것에 해당하는지 골라서 적으면 된다. 사실 이 과정 자체가 자신의 잠재의식에 도사리고 있는 부정성을 객관적으로 바라볼 기회를 제공한다. 자신이 어떤 인지 왜곡을 범했는지만 알아차려도 부정성에 잡아먹히지 않는다. 마지막 이성적 대응 칸에는 보다 이성적이고 객관적이며, 스스로 덜 상처 주는 생각을 적는다. 데이비드 번스는 이 부분을 작성할 때 애써 자신을 합리화하거나 일부러 기분을 북돋울 수 있는 내용을 골라 적을 필요가 없다고 강조한다. 그저 있는 그대로 '진실'을 수용하고, 인정하는 내용이면 충분하다. 그러기 위해서 이 이성적 대응 칸에는 반드시 자신이 현실로 받아들일 수 있는 내용을 적어야만 한다. 예를 들어 위의 예시에 적힌 "어제 회식에서 사람들에게 술에 취한 모습을 보이다니, 모두 나를 한심하게 생각할 거야."라면, 정말 어제 회식에서 모두 술에 많이 취했고 자신을 기억하는 사람이 별로 없을 거라고 믿을 수 있을 때 이런 내용을 적는 것이다. 인지 왜곡을 알아차리고 '세 칸 기법'을 실천하는 것은 비교적 어렵지 않을 수 있으나, 이것이 결코 만병통치약은 아니다. 필요하다면, 전문적인 가이드를 받을 수 있는 상담을 진행해 보는 것도 좋다.

지금까지 잠재의식 속 부정성의 실체와 그것을 개선하는

방법을 알아보았다. 흔히 말하는 잠재의식을 개선하라는 조언이 이제 더 이상 모호하게 들리지 않을 것이다. 잠재의식을 개선해야 한다는 말은 그 안에 내재된 부정적인 것들을 개선해야 한다는 의미이며, 잠재의식 속 부정성은 진화 과정에서 남겨진 유전자적인 관성 그리고 성장 과정과 사회생활 과정에서 만들어지는 인지 왜곡을 의미한다. 어떤 것이든 개선의 시작은 알아차림이다. 이 책의 내용을 주의 깊게 읽고 스스로 적용해보려고 시도하는 것만으로도 내재된 부정성을 약간이나마 긍정적인 방향으로 바꿔 갈 수 있다. 물론 꾸준한 노력을 통해 지속적인 변화를 만들고, 유지하는 것은 각자의 몫이다. 칼 융(Carl Gustav Jung 의사, 심리학자)은 '당신이 무의식을 의식화할 때까지 무의식은 당신의 삶을 조종할 것이며, 당신은 그것을 운명이라 부를 것'이라는 말을 남겼다. 이 말을 곱씹어 보면, 운명을 바꾸는 길은 다름 아닌 무의식을 바꾸는 것이다.

잠재의식을 바꾸는 것은 시각화를 하기 더욱 유리한 조건을 만드는 것과 마찬가지이다. 잠재의식을 바꾸지 않은 채

장밋빛 미래만 상상하는 시각화를 한다면, 이것은 마치 폭풍우가 몰아치는 망망대해를 항해하는 것과 다를 바 없다. 부정성으로 가득 찬 파도 때문에 머지않아 본래 출발한 항구로 돌아오게 되는 것이다. 잠재의식을 개선 시킨다면, 부정성으로 가득 찬 파도가 조금씩 잔잔해질 것이다. 그 이후에 실천하는 시각화는 그 난도가 대폭 낮아질 것이 명약관화하다.

어느 정도 스스로 내재된 잠재의식을 개선하는 작업이 이루어졌다면, 시각화를 통해 잠재의식 개선에 박차를 가할 수 있다. 켈리델리라는 굴지의 대기업을 일군 켈리 최 회장은 시각화가 그녀의 비지니스에 큰 기여를 했다고 누누이 강조한다. 그녀는 저서 『웰씽킹』과 유튜브 채널 'KELLY CHOI'에서 자신만의 시각화 노하우를 공유하고 있다. 그녀의 노하우가 이미 인터넷에서 수없이 회자 되는 여러 시각화 기법과 차별화되는 이유는 바로 '비우기'라는 과정이 포함되어 있다는 것이다. 켈리 최 회장은 '비우기'를 우리에게 방해 작용을 하는 과거의 기억과 감정을 버리는 과정이라고 정의한다. 그녀가 제안하는 '비우기' 시각화는 자신의 죽음을 떠올리고,

그 과정에서 온갖 부정적인 것들을 털어내고 배출하는 것을 상상하는 것이다. 그녀는 이 과정을 자꾸 하면 할수록 마음의 밑바닥에 있는 것들이 수면 위로 떠오르기 때문에 자신이 그동안 왜 이렇게 살아왔는지를 관조할 수 있다고 말한다. 다만, 한 번에 효과를 보기 어렵기 때문에 2~3년 정도 꾸준히 실천해 볼 것을 권한다고 덧붙인다.

이렇게 특정한 부정적 요인에 집중하지 않고, 총체적으로 잠재의식을 정화하려는 시도 역시 분명히 효과가 있다. (이에 대한 근거를 이미 앞에서 신경 가소성의 관점에서 살펴본 바 있다) 특정한 부정적 요인을 먼저 해결하는 것과 총체적으로 접근하는 것은 마치 맞춤형 웨이트 트레이닝과 요가에 비교할 수 있다. 만약 신체의 특정 부위에 통증이 있다면, 맞춤형 웨이트 트레이닝을 할 때는 해당 부위를 최우선적으로 고려하여 운동을 한다. 그 결과, 운동 효과를 비교적 빨리 확인할 수 있다. 반면, 요가는 기본적으로 온몸을 고루고루 쓰며 천천히 개선해나간다. 그 효과를 단번에 느끼기는 어려워도 나중에는 애초에 기대한 효과 이외의 다른 효과까지 기대할 수 있다. 예를 들면, 불편한 목 부근 통증을 개선하기 위해 요가를 시작했는데, 신체의 다른 부위까지 좋아지는 경우가 있을 수 있다. 둘 중 어느 방법이 우위에 있고 더 낫다는 의견은 무의미하다. 각자의 선호가 있을 뿐이다. 따라서, 어떤 방법을 택할지는 결국 개인의 몫이다. 중요한 것은 본격적인 시각화에 앞서 기존에 갖고 있던 부정적인 관성, 습관, 신념, 사고방식들을 변화시켜야 한다는 점이다. 당연히 수십 년 동안 갖고 있던 부정성을 바꾸는 것은 하루 이틀 안에 할 수 있는 일이 아니다. 중요한 것은 과거의 습관을 '정화'하려는 노력이 시각화를 직접적으로 실천하는 것 못지않게 중요하며, 두 가지는 병행되어야 한다는 것이다.

잠재의식 속 부정적인 것들을 바꿔야 한다는 조언의 의미를 명확히 이해했고, 실천할 수 있는 방안도 확인하였다. 그다음 단계는 부정적인 것들을 비워낸 후, 긍정적인 것들로 채워 넣는 '강화' 단계이다. 마지막으로 조언할 것은 '정화' 단계를 완벽히 마치고 그다음 단계로 넘어간다고 생각하지 말라는 것이다. 더 센싱 5단계 로드맵의 각 단계는 개념적으

로 선후 관계가 있는 것일 뿐, 현실 세계에서의 실천 차원에
서는 병행되어야 한다.

이제 우리의 의식에 긍정성으로 채워 넣기 위한 여정을 떠
나보자.

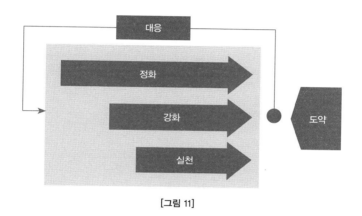

[그림 11]

"인생에 있어서 가장 훌륭한 업적은 의식하는 마음과 잠재의식
의 긴밀한 협조에 의해서만 얻을 수 있다. – G. 젤레"

더 센싱 5단계 로드맵 중 Step 1 정화 총정리

시각화를 아무리 하더라도 잠재의식 안에 부정성이 남아 있으면, 그것은 직간접적인 차원에서 지속적으로 시각화를 방해한다.

〈잠재의식 속 부정성 1 : 유전자적 관성 & '시스템 1'〉

- 어떤 영향을 주는가 : 복잡한 상황을 단순한 인과 관계로 치환하고, 본능적 선택을 우선시하게 만듦. 합리적이고 이성적 사고를 제한함.
- 개선 방안 : '시스템 1'과 '시스템 2'의 개념을 인지하고, 늘 명심할 것. 어떤 상황을 다각도로 검토하는 모습을 시각화하는 것.

〈잠재의식 속 부정성 2 : 성장 과정 및 사회생활 중 형성된 인지 왜곡〉

- 어떤 영향을 주는가 : 일상생활 속에서 겪는 사건을 왜곡하여 해석하게 만듦.
- 개선 방안 : 인지 왜곡의 존재를 인식하기. '세 칸 기법'을 활용하기.

강화
Enhance

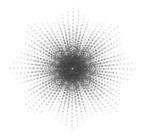

　잠재의식 속에 내재된 부정성을 비워내는 '정화' 단계는 마치 (-) 상태를 (0) 상태로 탈바꿈시키는 것과 같은 과정이 었다. 이제는 (0) 상태를 (+) 상태로 변모시키는 '강화' 단계 이다. '강화' 단계의 목적은 부정성을 비워낸 잠재의식에 긍 정성을 불어넣는 것이다. 긍정성을 충전시키는 방법으로 가 장 많이 거론되는 것은 '확언(Affirmation)'이다. 확언은 말 그 대로 확실하게 말하는 것이다. 좀 더 구체적으로 말하자면 삶 속에서 성취하기를 바라는 것을 언어로 정확히 표현하여 성취의 씨앗을 의식에 심는 것이다. 확언을 통해 긍정성을 충전하는 방법 자체는 사실 단순한데, 우선 크게 두 가지로 나눌 수 있다.

첫 번째는 긍정적인 문장을 스스로 계속 속삭여주는 것이다. 미국의 심리치료사인 루이스 헤이(Louise L. Hay 작가)는 스스로 사랑하고 인정함으로써 삶의 긍정적인 변화를 만들어내는 확언에 대한 책으로 세계적인 베스트셀러 작가로 등극했다. 우리나라에도 번역된 『루이스 헤이의 긍정 확언』은 말 그대로 긍정적인 문장을 계속 반복할 것을 조언한다. 예를 들면, '나는 내 자신을 사랑한다.', '나는 완전히 치유되었다.', '삶은 나를 사랑한다.', '모든 것이 잘 되어가고, 나 또한 그렇게 되어가고 있다.'와 같은 문장들이다. 이런 문장들을 큰 소리로 읽으면서 쓰는 것이 긍정 확언을 실천하는 첫 번째 걸음이다. 긍정 확언 기법을 비지니스 차원으로 적용하면 '나는 돈을 끌어당긴다.', '내게는 무한한 풍요로움이 가득하다.' 등의 문장으로 변주된다. 이런 긍정 확언 문장은 현재 시제로 설정하는 것이 좋다고 한다. 미래 시제는 현재에서는 이루어지지 않았거나 부족한 점이 있다는 사실을 내포하고, 이것은 잠재의식에 긍정성을 불어넣는 과정에서 일말의 의심을 불러일으킬 수 있기 때문이다.

일각에서는 '나는 엄청나게 성공했다.'와 같이 '나'라는 명확한 주어가 들어간 문장에 아직 큰 거부감이 든다면, 일단은 주어를 제거하고 '엄청난 성공'이라는 개념만 반복적으로 떠올리고 되뇌는 것에서부터 시작하라고 조언한다. 주어를 빼면, 그만큼 '나'와 거리는 멀어지지만, 그에 따라 거부감이 들지 않기 때문이다. 이렇게 긍정적인 것을 떠올리고, 되뇌는 것만으로도 기분이 좋아지는 등의 긍정적 효과를 기대할 수 있으므로, 차근차근 접근해 나가는 것이 효과적이라는 의견도 있다.

이러한 기법의 근거는 의외로 대단히 과학적으로 풀어 볼 수 있다. 뉴욕대학교의 신경과학자인 조지프 르두(Joseph Ledoux 교수)는 저서 '시냅스와 자아'에서 감정도 연습을 통해 변화시킬 수 있는 대상이라고 말한다. 행복, 만족, 성취감 등

특정한 감정을 느껴보려고 자꾸 연습을 하다보면 해당 감정을 관장하는 뇌의 신경세포의 연결 방식을 강화하여 그 감정 상태가 지배적으로 변한다는 것이다. 즉, 긍정성이라는 감정을 지속적으로 경험하고 체험하고자 노력하면, 우리의 뇌의 기본적인 감정 상태가 긍정성에 가까워지고, 실제로 긍정적인 감정을 경험할 가능성을 높인다. 즉, 긍정 확언은 감정을 연습하는 과정인 것이다.

1) 원하는 바, 바라는 바 등 목표를 구체적으로 설정한다.
2) 이때 목표는 '내가 주체가 된 긍정형 문장'으로 만든다.
3) 이것을 아침 직후 또는 자기 직전에 수차례 반복하여 소리내어 말하고, 글로 적는다.
4) 유의 사항 : 설정한 확언 문장을 말로 하거나, 글로 적을 때 불편한 감정이 든다면 그 확언 문장은 폐기한다.

두 번째는 보다 목표 지향적인 구체적인 문장을 만들고, 그 문장을 소리 내어 읽고 쓰고 반복하며 확언을 실천하는 것이다.

그런데 과연 '구체적인 목표를 긍정형 문장으로 반복해서 되뇌이고, 적어 보는 것' 예를 들면, '나는 35살에 월 매출 3,000만 원을 달성하여 경제적 자유를 이룩한다.'라는 문장을 아침, 저녁으로 말하고 적는 것이 정말 효과가 있을까? 제3자가 우리에게 믿음을 주면, 그 믿음의 결과로 긍정적인 결과가 만들어지는 경험은 우리 모두 수없이 해보았을 것이다. 부모님이 우리에게 끝없는 지지를 보내주고 응원해주면, 이 기대에 부응하기 위해 더욱 노력하게 되고, 결과적으로 부모님의 기대를 현실에서 충족시켜주는 결과가 대표적이다. 확언이란 곧, 자신이 자신에게 끝없는 지지와 기대를 보내주는 것과 다르지 않다. 이것을 심리학에서는 자기 충족 예언(Self-fulfilling Prophecy)이라고 정의한다. 이 개념은 믿음과 행동의 긍정적인 피드백에 따라 믿음 자체가 현실에서도 실현되는 것을 의미한다. 즉, 강한 믿음이 사람에게 강력한 영향을 주고, 그 결과 그 믿음이 현실화된다는 것이다.

아마 이 확언의 개념에 대해서 처음 들어보는 사람은 거의 없을 것이다. 이미 유튜브에서는 100일 동안 목표를 100

번 씀으로써 확언을 실천하고, 내재화하는 챌린지 등이 많이 소개되어 있다. 틱톡에서는 "나는 운이 정말 좋습니다. 나의 모든 것이 잘 되고 있습니다."라고 선언하는 동영상을 올리는 '행운의 소녀 신드롬 Lucky Girl Syndrome'이 선풍적인 인기를 끌고 있다. 그러나, 수많은 성공 사례 못지않게 확언의 어려움, 실패 사례 등도 많이 있다. 도대체 무엇이 문제일까? 수많은 전문가들이 확언을 실천하고자 할 때 조심해야 할 지점으로 손꼽는 것이 있다. 바로 목표 설정이다. 기본적으로 목표를 설정할 때는 1)수치화할 수 있을 정도로 최대한 구체적으로, 그리고 2)긍정적인 문장으로 설정해야 한다는 단순하지만 핵심을 관통하는 조언은 이미 널리 알려져 있다. 그럼에도 불구하고 목표를 설정하는 방법과 과정에 대해 검토하는 것은 전혀 불필요한 행동이 아니다. 그만큼 목표를 세우는 것은 중요한 작업이다. 잘못 탄 기차가 때로는 목적지에 데려다준다는 말도 있긴 하지만, 한번 기차를 잘못 타면 아무리 반대 방향으로 빠르게 달리더라도 처음 출발점에서 멀어지기만 할 뿐이다. 효과적인 확언 문장 수립을 위한 목표 수립 방법을 알아보자.

잠시, 묵직한 목소리가 매력적인 한 남성의 이야기에 귀를 기울여 보자. 그는 전업주부로 두 아이를 기르고 밖에 나가 일을 하는 아내를 챙기며, 하루를 보낸 뒤, 밤이 깊어질 무렵 주차장에 자리한 차 안에서 스마트폰을 열어 조용히 영상을 촬영한다. 잔잔한 육아 이야기에서부터 그만의 삶의 철학, 노하우 등을 공유하고 유튜브 구독자의 고민을 듣고, 진심 어린 조언을 해주는 그의 채널은 2년 6개월 만에 30만 구독자라는 성과를 냈다. 이 남성은 바로 유튜버 '감성대디 Dennis'이다. 자신이 직접 겪은 삶의 지혜만 진솔하게 전달하는 그가 한번 '시크릿의 실체'라는 영상을 올린 적이 있다. 감성대디 역시 "나는 무조건 잘 되게 되어 있어.", "나는 돈을 많이 벌거야."라고 되뇌이는 것은 자기최면에 지나지 않는다고 지적한다. 대신 그는 일단 자신의 현실을 직시하고 있는 그대로 받아들이는 것으로부터 출발하라고 조언한다. 만약 부자가 되고 싶다면 얼마만큼의 부자가 되고 싶은지를 생각하기에 앞서, 자신의 통장 잔고를 바로 눈앞에서 확인하며, 현재 자신의 상태를 정확히 인지해야 한다는 것이다. 굉장히 유의미하면서도, 실천하기는 어려운 조언이다. 이 조언을 받아들이는 지름길은 따로 없다. 자신의 현재 상태를 파악하는 것은 큰 용기를 필요로 한다. 현실을 직시하는 것은 분명히 괴로운 일이며 때때로 두렵기까지 하다. 그러나 언젠가 프랭클린 델러노 루스벨트(Franklin Roosevelt, Franklin Delano Roosevelt 정치인)가 용기란 두려움이 없는 것이 아니라, 두려움보다 중요한 무언가가 있다는 판단이라고 말했던 사실을 떠올려보자. 현실을 있는 그대로 바라보는 것은 어려운 일이지만, 분명히 중요한 무언가가 숨겨져 있다. 바로, 성공 가능성이 높은 현실적 목표 설정의 출발점을 찾을 수 있다는 것이다. 일단 자신이 막연하게 바라는 바를 생각해 보고, 그것과 관련한 자신의 현실을 있는 그대로 파악해보자. 가령, 부자가 되는 것이 목표라면, 현재 자신의 경제적 상황을 꼼꼼히 따져봐야 하고, 매력적인 이성을 만나 연애를 하고 싶은 것이 목표라면, 연애 상대로서의 자신의 매력을 냉철하게 점검해보자. 현재 상황을 파악한다는 것은 파악하려는 대상에 따라 과정이 단순하고 쉽지만, 괴로운 것이 있고, 어떤 요소를 고려해야 하는지 헷갈려 과정 자체가 까다로운 것이 있다. 경제적 상황을 점검하는 과정 자체는 단순하고 쉽다. 자신이 현재 매달 얼마의 수익을 내고 있고, 지금까지 쌓은 자산이 얼마인지 계좌를 체크해 보면 된다. 물론 이 과정은 대단히 고통스럽고 괴로울 수 있다. 반면, 연애 상대로서의 자신의 매력을 객관적으로 파악하는 것은 그 과정이 상당히 까다롭다. 어떤 점을 따져봐야 할지 자체가 헷갈리기 때문이다. 어떤 상황이든 간에 공히 적용할 수 있는 방법이 있다.

첫째, 현재 상황을 파악하기 위해 수치화할 수 있는 것들을 모두 수치화해본다.
둘째, 수치화한 것들이 너무 적다면, 다시 말해, 수치화할 수 없는 요소들이 너무 많은 것 같다면, 주변 사람들에게 피드백을 구하라.

첫 번째 방법은 특별한 요령이 필요하지 않다. 그저 있는 그대로 현실을 받아들일 용기만 있으면 된다. 두 번째 방법에는 약간의 요령이 요구된다. 피드백을 구할 때는 누구에게 구할지, 그리고 나에게 오는 피드백을 어떻게 수용할지에 대해서는 신중히 생각해 볼 필요가 있다.

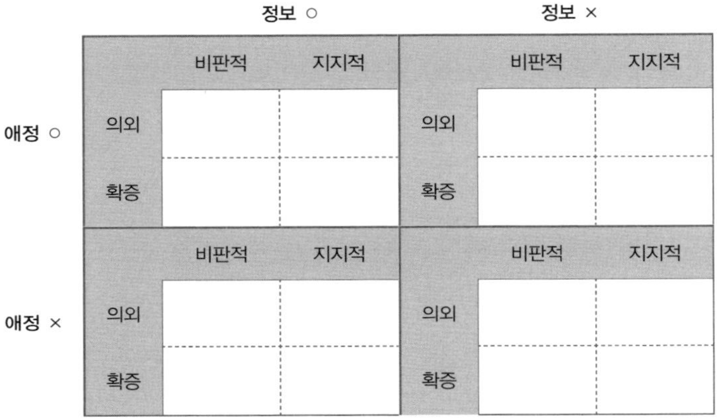

정보 ○　　　　　　　정보 ×

		비판적	지지적			비판적	지지적
애정 ○	의외				의외		
	확증				확증		
애정 ×	의외				의외		
	확증				확증		

[그림 12]

　위 도식은 피드백을 구할 때 사용할 수 있는 피드백 수용 매트릭스이다. 나에게 피드백을 줄 사람은 나에 대해 충분히 알고 있거나, 나를 진심으로 아끼는 사람이어야 한다. 즉, 나에 대한 정보와 나에 대한 애정 중 적어도 한 가지는 갖추고 있는 사람이어야 한다. 이 두 가지 모두가 없는 사람(매트릭스의 4사분면에 해당)의 피드백은 귀 기울여 들을 필요가 없다. 각 분면 안에는 또다시 비판적/지지적 그리고 의외/확증의 축으로 구성된 작은 매트릭스가 있다. 이것은 피드백의 성질을 분류하기 위한 축이다. 나에게 오는 피드백이 생각지도 못했던 의외의 내용인지, 아니면 내가 짐작하고 있던 것에 외부적 신뢰를 더해주는 확증적인 성격 인지를 따져보라. 그리고 그 내용이 나를 비판하는 것인지, 나를 지지하는 것인지 분류하라. 자신이 처한 현실을 파악하기 위해 피드백을 구할 때 많은 사람이 공통적으로 겪는 문제가 있다. 자신에게 오는 피드백을 신뢰할 수 있는가 하는 것이다. 왠지 모르게 나에 대해 좋게만 이야기 해주는 것 같은 피드백도 있고, 어떤 피드백은 너무나 신랄하여 맞는 말인 걸 알면서도 상처를 받고, 귀를 닫고 싶어지기도 한다. 또 어떤 피드백은 나에 대해 아무것도 모르는 채로 쉽게 이야기하는 것 같기도 하다. 즉, 나에게 오는 모든 피드백을 무조건 신뢰하고 받아들여야 하는가 하는 문제에 직면하게 된다. 이럴 땐 위의 매트릭스 중 1, 2, 3사분면 내부의 세부 매트릭스들을 모두 채워볼 것을 권한다. 최소 3명 이상에게 피드백을 구해야 매트릭스를 채울 수 있으며, 이렇게 받은 피드백을 한데 모으면, 여러 피드백의 교집합을 찾을 수 있고, 나 자신을 보다 객관적으로 바라보는데 큰 도움을 받을 수 있다.

현재 상황을 명확히 파악하고 받아들였다면, 이제 현실적인 목표를 세워볼 차례이다. 달성할 수 있는 목표를 세우기 위해 반드시 고려해야 하는 핵심 사항들은 사실 이 챕터의 서두에서 이미 제시되었다.

좋은 목표 = 수치화할 수 있을 만큼의 구체성×

긍정형 문장×명확한 데드라인

예시를 만들어 보면 이렇다.

"나는 2025년까지 베스트셀러 3권을 출간하겠다."

이 목표는 언뜻 구체적이고 긍정형 문장이며, 데드라인이 있다고 보인다. 그렇다면 충분히 '좋은 목표'일까? 더 좋은 목표로 만들 수 있는 여지가 있을까? 다음과 같이 바꿔 보면 어떠할까?

"나는 2025년 12월 31일까지 1만 부 이상 팔릴 베스트셀러 3권을 출간하겠다."

기한도 조금 더 명확해졌고, 목표의 달성 여부를 판단할 수 있는 핵심 지표도 추가되었다. 이렇게 최대한 구체화한 뒤에 문장을 군더더기 없이 깔끔하게 정리하면 '좋은 목표'가 된다.

*목표의 데드라인을 정확히 세워야 한다는 조언은 이제는 너무나 흔해 그 울림이 작아진 듯하다. 그러나 두 번, 세 번 강조해도 지나치지 않는 조언이다. 최근 본업 이외의 '사이드 프로젝트'를 하는 것이 굉장히 활성화 되었고, 또 장려되고 있다. 그러나 많은 사람이 '사이드 프로젝트'를 할 때 기간에 있어 'Bottom-up'으로 접근하는 경우가 있다. 막연하게 잘 하는 것을 꾸준히 하다 보면, 언젠간 좋은 성과가 날 것이라 낙관하는 것이다. 분명히, 자신이 잘하는 것을 적극적으로 활용한 '사이드 프로젝트'를 꾸준히 수행하고 잘 기록해두면 이것이 큰 도움이 될 것이다. 그러나, 만약 현재 기획하는 '사이드 프로젝트'가 단순한 취미가 아니라면 'Top-Down'으로 접근할 필요가 있다. 몇 년 안에 어느 정도의 성과를 달성

할지 목표를 정확하게 설정하고 그에 맞춰 노력해야 한다는 것이다. 가령 스마트스토어 '사이드 프로젝트'를 통해 3년 안에 매출 1억을 달성하겠다는 목표를 세워야, 이를 달성하기 위해 무엇을 해야 하는지 파악할 수 있고 자신의 노력, 성과 등을 평가할 수 있는 기준을 마련할 수 있다.

그런데 이 '좋은 목표'가 현실적인 목표로 거듭나도록 만들기 위해 필요한 마지막 퍼즐 한 조각이 있다. 바로 세부 계획, 즉 '액션플랜'이다. 아무리 '좋은 목표'를 설정했다고 하여도 '액션플랜'이 없다면 그것은 현실적인 목표라고 할 수 없다. 그 목표를 달성하기 위해 어떤 행동을 해야 하는지 감이 안 잡히는데 어떻게 현실적이라고 할 수 있겠는가. 목표의 현실성을 파악하는 기준은 목표 자체가 아니라, 그 목표를 달성하기 위한 '액션플랜'을 제대로 세울 수 있느냐로 잡아야 할 것이다.

김경일 아주대학교 심리학과 교수는 목표와 계획은 엄연히 다른 개념이라고 지적하였다. 계획은 목표를 달성하기 위해 거쳐야 하는 지점 또는 수행해야 하는 과업의 집합이다. 그렇기 때문에 김경일 교수는 목표를 설정하고 난 뒤에는 습관적으로 그 목표를 10등분 하라고 조언했다. 이렇게 10등분 한 결과물을 놓고 가만히 들여다보면, 자연스레 연관성이 큰 것끼리 묶여 그룹이 형성되고 앞뒤 순서가 정해지는데, 이것이 바로 계획, 즉 '액션플랜'이 된다는 것이다. 정리하자면, 하나의 목표를 놓고 그것을 성취하기 위해 세부적으로 달성해야 하는 '소' 목표와 실천해야 하는 행동을 연관성 있는 것끼리 묶어 그룹을 만들고 그룹 간의 선후 관계를 정한 것이 '액션플랜'이다. 이 '액션플랜'의 요소들, 그러니까 세부적으로 달성해야 하는 '소' 목표와 실천해야 하는 행동들 역시 당연히 시각화의 대상이다.

이 '액션플랜'을 세울 때 주의해야 하는 점이 있다. 바로 모든 '액션플랜'은 가변적이라는 것이다. 목표를 이루기 위한 계획은 수만 가지가 있다. 계획을 세우는 시점에는 미처 생각지도 못한 방법이 나중에는 떠오를 수도 있다. 이럴 땐 어떻게 해야 할까? 나중에 떠오른 '액션플랜'이 더 효과적이라면 당연히 그것을 반영하도록 기존의 계획을 수정해야 할 것이다. 흔히 인생은 계획대로 안 된다고 말한다. 그렇지만, 이 말이 결코 계획을 세울 필요가 없다는 뜻은 아닐 것이다. 오히려, 계획을 세우고 열심히 계획을 실천하다 보면 결과적으로 계획보다 더 좋은 결과가 나오기 때문에 인생은 계획대로 되지 않는다고 말하는 것이 아닐까? 요점은 처음 세운 '액션플랜'에 너무 집착하지 말라는 것이다. 목표를 세우는 과정에서 여러 의견이 오가며 갑론을박의 대상이 되는 점이 있다. 바로 플랜 B를 세울지 말지 결정하는 것이다. 일각에서는 플랜 B를 세우는 것은 애초에 그 목표가 잘 이루어지지 않을 경우, 즉 부정적인 결과에 대비하는 것이기 때문에 플랜 B를 세운다는 것 자체가 잠재의식 속에 부정성을 심는다고 말한다. '정화' 단계에서 애써 부정성을 덜어내고 '강화' 단계에서 긍정성을 채우려고 목표를 세우다가 되려 말짱 도루묵이 될 수 있다는 주장이다.

어떤 이유에서 플랜 B를 세우지 말라고 주장하는지 충분히 이해가 된다. 한번 부정적인 결과를 대비하려고 궁리하다

보면 온갖 경우의 수를 다 따지게 된다. 결과적으로 플랜 B를 넘어 플랜 C, 플랜 D, 플랜 E까지 세우게 된다. 쓸데없는 잡생각이 많아지는 것이다. 그렇지만 유비무환의 자세를 갖추는 것은 여전히 중요해 보인다. 어떻게 해야 할까? 목표를 세울 때 부정적인 것을 염두에 두지 말라는 말은 사실 자기 자신을 믿고 부정성에 압도되지 말라는 의미에 가깝다. 당연히 목표를 세우고 '액션플랜'을 짜는 과정에서 있을 수 있는 장애물을 생각해 보는 것은 유의미하다. 중요한 것은 그 장애물과 난관에 미리 겁을 먹고 압도되어 시작하기도 전에 동기가 저하되느냐, 아니면 장애물과 난관을 멋지게 돌파해 내는 자신을 상상하며 자신감을 끌어올리느냐일 것이다.

현재 상황을 명확히 체크하고, 좋은 목표와 현실적인 '액션플랜'을 세웠다면, 그것을 시각화하여 언제든 볼 수 있는 공간에 두어야 한다. 여기서 말하는 시각화는 이 책의 주제인 더 센싱의 시각화가 아니라, 눈으로 볼 수 있게 실체를 만들라는 뜻이다. 가장 간단하게는 목표 문장을 백지에 큼직하게 적어 책상에 붙이는 방법이 있을 수 있으며, 오랜 시간에 걸쳐 많은 학자, 작가, 기업인들이 연구한 목표 시각화 방법이 수없이 많다. 여기서는 대표적인 것 두 가지만 소개하고자 한다. 바로 '비전 보드'와 '만다라트'이다. '비전 보드(Vision Board)'란 목표와 꿈의 이미지를 마치 콜라주처럼 한데 모아 붙여둔 보드를 의미한다. 비전 보드의 특징은 잡지에서 오려낸 이미지, 직접 촬영한 사진 등을 활용하여 목표를 이미지화한다는 것이다. 다음은 미국의 팝 스타 케이티 페리(Katy Perry 가수)가 9살 때 만든 비전 보드를 인스타그램에 올린 게시글로, 인터넷에서 쉽게 검색해 볼 수 있다.

초등학생 때 만든 '비전 보드'인 만큼 다소 유치하게 보일 수 있다. 그러나 중요한 것은 케이티 페리가 9살 때 만든 '비전 보드'를 계속 간직했다는 사실이다. '비전 보드'는 이미지를 중심으로 구성되어 있기 때문에 한눈에 직관적으로 이해하고, 목표를 바로 떠올릴 수 있다. 문장으로 구성된 언어형 목표는 그 문장을 읽고, 인지하고, 머릿속으로 상기시키는 과정이 필요하지만 '비전 보드'는 말 그대로 한눈에 목표를 떠올릴 수 있다는 장점이 있다. '비전 보드'를 만들 때 정해진

[그림 13]

규칙은 없다. 사이즈나 어떤 이미지 또는 폰트를 쓸지 등은 모두 자신이 끌리는 것을 고르면 된다. 한 가지 유의할 것은 '비전 보드'를 만든 뒤, 아침에 일어나서 바로 볼 수 있거나, 자기 전에 바로 볼 수 있는 위치에 두는 것을 추천한다. 그리고 비치해 두는 것을 넘어 매일 매일 그것을 볼 때마다 목표를 향한 자신의 열망과 의지를 되새겨야 한다. 물론, 애써 열망과 의지를 다지지 않더라도, '비전 보드'를 의식적으로 30초만 바라보더라도 자연스레 스스로 다잡게 될 것이다. 최근 북미권에서는 '비전 보드'를 만들어 간직할 수 있는 서비스를 하는 어플리케이션도 많이 출시되었다. 대표적으로 'Vision Board', 'Why Vision Board', 'Horizons' 등이 있다.

‘비전 보드’가 목표를 상징적으로 담는 보드라면, ‘만다라트’는 목표를 향해 수행해야 하는 ‘액션플랜’을 한눈에 볼 수 있도록 체계적으로 정리한 결과물이며, ‘비전 보드’와는 다르게 정확한 문장으로 구성한다. 이 ‘만다라트’ 기법은 일본의 오타니 쇼헤이 선수가 사용하는 것으로 알려져 유명세를 타게 되었다. ‘만다라트’는 본래 일본의 디자이너 이마이즈미 히로아키가 처음 만들었다고 알려져 있는데, ‘본질의 깨달음’이라는 의미를 가진 ‘Manda’와 달성과 성취를 뜻하는 ‘La’ 그리고 ‘Art(기술)’을 합친 합성어이다.

이 ‘만다라트’를 작성하는 방법은 우선 정중앙에 ‘최종 목표’를 써넣는 것이다. 이 목표는 곧 ‘비전 보드’의 여러 이미지를 한 문장으로 간결하게 관통하는 문장이 될 것이다. 그리고 이 목표를 달성하기 위한 ‘액션플랜’, 즉 세부 계획을 8개로 정리하고, 또다시 그 8개를 이루기 위한 구성 요소로 8개 하위 계획을 정리하면 완성된다. 위에서 김경일 교수는 목표를 10등분 하라고 조언했으나, 이는 목표를 쪼개어 계획을 세우라는 의미가 본질이지, ‘액션플랜’의 개수 자체가 중요하지는 않다. 이렇게 '만다라트' 기법을 활용해 '액션플랜'을 만들면, 한눈에 알아보기 쉽다는 장점이 있다.

하위계획	하위계획	하위계획						
하위계획	계획	하위계획		계획			계획	
하위계획	하위계획	하위계획						
			계획	계획	계획			
	계획		계획	8구단 트래프트 1순위	계획		계획	
			계획	운	계획			
			인사하기	쓰레기줍기	부실청소			
	계획		물건을소중히쓰자	운	심판을대하는태도		계획	
			긍정적사고	응원받는사람	책읽기			

[표 10]

성공적인 확언 문장을 만들기 위해 목표와 '액션플랜'에 대해 알아보았다. 다시 확언 이야기로 돌아가기 전에 일본이

낳은 괴물 투수 오타니 쇼헤이의 '만다라트'에서 인상 깊은 점을 하나 짚고 넘어가자. 오타니 쇼헤이의 '만다라트'를 보면 한 가지 신기한 점이 있다. 혹시 알아차렸을까? 바로 '운'이라는 요소를 '액션플랜'으로 설정한 것이다. 이 책의 '자아도취라는 적' 챕터에서 시각화가 어떻게 운을 좋게 만드는지 그 원리를 알아보았다. 여기서 운을 좋게 만드는 방법에 대해 한 가지 덧붙이고 싶다. 오타니 쇼헤이는 '운'이라고 하는 측정 불가능한 요소를 극대화하기 위해 스스로 생각하기에 운을 좋게 만드는 행동을 고민하였는데, 그 결과물이 바로 '인사하기', '쓰레기 줍기', '물건을 소중히 쓰기', '부실 청소하기' 등이다. 그가 어떠한 생각의 프로세스 끝에 '인사하기'와 '쓰레기 줍기' 등이 그의 운을 증대시킨다고 결론을 내렸는지는 모를 일이다. 그러나, 여기서 우리가 반드시 얻어 가야 하는 교훈은 '운'이라고 하는 비정량적인 것에 대해서도 이렇게 '액션플랜'을 만들 수 있다는 가르침이다.

현실적이고 좋은 목표를 세우고, 체계적인 '액션플랜'까지 작성했다면, 다시 확언의 이야기로 돌아오자. 이제 궁극적으로 추구하는 목표와 당장 해야 하는 일을 간결한 문장으로 적을 수 있을 것이다. 이것이 바로 늘 입버릇처럼 스스로 들려줘야 하는 확언 문장이다. 이제 이 문장을 언제 어디서 스스로 들려주는지는 각자 스스로 결정해야 한다. 상식적으로 생각해도 아침에 일어나서 그리고 자기 전에 확언을 외치는 것이 좋을 것이다. 하루를 시작하기에 앞서 기운을 불어넣을 수 있고 자기 전에 스스로 갈무리할 수 있으니까 말이다. 확언을 외칠 때 말로만 외는 방법도 있을 것이며, 요즘 유행하는 것처럼 손글씨로 꾹꾹 눌러 적는 방법도 있을 것이다. 참고로, 캘리포니아 도미니칸대학교의 심리학 교수인 게일 매튜스 박사의 목표 달성 관련 연구에 따르면, 목표를 손글씨로 직접 적으면, 그렇지 않은 것에 비해 달성 확률이 42퍼센트나 증가한다고 한다. 만약 이것을 혼자서 꾸준히 하기 어렵다면, 동기부여를 위해 여러 사람이 그룹을 지어 각자의 확언 실천 후 인증을 하는 챌린지 등에 참여해보는 것도 방법이다. 이외에도 확언 실천을 더욱 효과적으로 하기 위한 방법은 이미 수많은 책, 유튜브 동영상을 통해 이야기되고 있다. 그러나 문제는, 현실적이고 좋은 목표를 세우고, 체계적인 '액션플랜'까지 설정한 뒤, 확언을 해도 효과를 보지 못했다고 주장하는 사람들이 있다. 도대체 뭐가 문제일까? 『어포메이션』의 저자 노아 세인트 존에 따르면 결국 '믿음의 문제'로 귀결된다. 그는 '믿음의 간격'이라는 흥미로운 개념을 제시한다. 현재 우리가 인지하고 있는 현실과 우리가 새롭게 원하는 현실 사이에는 믿음의 간격이라는 것이 존재한다. 아주 사소한 예를 들자면, 현재 체중이 80kg인데 65kg까지 감량하고 싶다면, 현실과 목표 상황의 차이 즉 15kg가 믿음의 간격의 한 요소가 될 것이다. 이외에 다른 요소는 자신이 생각하는 체중 감량의 난이도, 주변에서 15kg 감량이란 거의 불가능한 일이라고 사기를 하락시키는 친구들의 수 등등 온갖 것들이 있다. 즉, 믿음의 간격이란 삶에서 이루고자 하는 결과와 자신이 처한 현실의 괴리라고 할 수 있다. 노아 세인트 존은 전통적인 확언만으로는 믿음의 간격을 극복하기가 쉽지 않다고 한다. 바꿔 말하면, 믿음의 간격이 크지 않은 경우에는 기존의 확언 방법만으로도 충분히 효과를 볼 수 있다는 뜻이다. 따라서 그는 믿음의 간격을 효과적으로 극복하기 위해 특별한 확언 기법을 고안해냈다. 바로 '어포메이션 기법

The Afformations Method'이다. 이 합성어는 기존의 확언 (Affirmation)에 '형성하다'라는 의미를 지닌 'Forming'을 합쳐서 만든 말이다. 무엇을 형성한다는 것일까? '어포메이션'은 '내면의 힘을 형성하는 질문'을 만들고 스스로 묻는 기법이다. '어포메이션'의 4단계는 다음과 같다.

1. 스스로가 궁극적으로 무엇을 원하는지 자문한다.
2. 목표가 이미 이루어진 것으로 여기는 질문을 'Why'의 관점에서 만든다. (이 단계가 어포메이션의 핵심이다.)
3. 방금 만든 질문 속 현실에 대해 의심하지 않고 진실로 받아들인다.
4. 삶에 대한 새로운 가정에 근거해 행동하기 시작한다.

요컨대, 자신이 원하는 상황이 이미 이루어진 것처럼 가정하고 왜 이루어졌을지를 물어보는 기법이다. 그의 저서에 소개된 예시를 소개하자면 다음과 같다.

"왜 나는 이렇게 부유할까?"

"왜 나는 늘 돈이 넉넉할까?"

"왜 나는 지혜롭게 투자할까?"

이렇게 자신이 바라는 상황(부유함, 넉넉한 재정, 지혜로운 투자)이 이미 이루어졌다고 생각하고, 그것을 '왜'의 관점에서 스스로 물어보는 것이다. 먼저 잠깐 짬을 내어 실습을 해 보도록 하자. 어떤 것을 느꼈는가? 눈치가 빠르고 열린 마음을 가진 사람이라면 뭔가를 느꼈을 것이고, 도대체 이렇게 자문하는 것이 무슨 의미가 있는지 아직 헷갈리는 사람도 있을 것이다. '어포메이션' 4단계 중 3번에 집중하자. 중요한 것은 일단 스스로 던지는 질문 속 상황을 진실로 믿는 것이다. 즉, 현재 나에게 '왜 나는 지혜롭게 투자할까?'라는 질문을 던지고, 그 질문 속 현실, 내가 지혜롭게 투자하는 상황을 진실로 믿는 것이다. 그리고 이 질문에 스스로 대답해보는 것이다. 인간의 뇌는 질문을 받으면 어떻게든 그에 대한 답을 찾도록 프로그래밍 되어 있다. 앞서 설명한 '시스템 1'의 특징을 생각해 보라. 복잡한 질문에 대한 단순한 답을 찾는 것이 '시스템 1'의 특징이자 강력한 기능 중 하나이다. 그리고 이

것이 '어포메이션'의 효과를 만들어 내는 근본 원리이다. 지금 나의 투자 실력, 패턴 등이 마음에 들지 않더라도 스스로 "왜 나는 지혜롭게 투자할까?"라는 질문을 던지면, 그에 대한 답을 어떻게든 찾아내게 되어 있다. 현재 내가 미처 바라보고 있지 못한 나의 새로운 긍정적 자원을 발견하게 된다. 만약 3번 단계에서 도저히 현실을 받아들일 수 없다면, 예컨대 나는 전혀 지혜롭지 못하게 투자를 하고 있다는 증거만 생각난다면, 그것은 목표를 제대로 세우기 위한 현실 파악이라는 역할을 하게 될 것이다. 나름대로 의미가 있다. 이러나 저러나 유익한 것이다. 다만 처음에는 비교적 쉽게 받아 들일수 있는(믿음의 간격이 극단적으로 크지 않은)현시를 먼저 떠올려 보자.

질문의 힘은 상상 이상으로 강력하다. 사실 질문은 잠재의식의 긍정성과 부정성에 막대한 영향을 끼치고 있다. 우리는 자신도 모르게 습관적으로 부정적인 질문을 던질 때가 많다. "나는 왜 이렇게 멍청하지?", "아 나는 왜 이렇게 하는 일마다 잘 안될까?" 일이 잘 풀리지 않을 때, 누구나 한 번쯤 이런 말을 입 밖에 낸다. 그러나 이런 질문을 들으면 우리의 뇌는 무의식적으로 그에 맞는 답을 찾게 된다. 따라서, 확언의 효과를 극대화하고 싶다면, 또는 그동안의 확언 실천 노력이 실패로 끝났다면, 두 가지를 고려해보라. 우선, 습관적으로 스스로 부정적 질문을 던지지 않았는지 점검해야 한다. 그리고 평서문 형태의 확언 대신 '어포메이션' 기법을 적용한 질문으로 바꾸어 보라.

언젠가 한 번 모 기업 대표 K의 재미있는 습관에 대한 이야기를 들은 적이 있다. 업계에서도 비범한 인물로 소문난 K는 외부 업체와 미팅을 할 때면, 늘 대화의 시작으로 묻는 말이 있다고 한다. 때에 따라, 상대에 따라 조금씩 다르지만, 그가 묻는 말의 핵심은 "내가(또는 우리 회사가) 왜 좋은가요? 왜 마음에 들었나요?"이다. 엉뚱한 질문 같지만, 이 질문을 받는 당사자는 어떻게든 좋은 이유를 대답해야만 대화를 풀어나갈 수 있다. 그리고 좋은 이유를 찾아서 대답하는 순간 이미 호감을 표한 것이 되기 때문에 대화는 K에게 유리하게 흘러간다. 질문의 힘이란 이토록 무서운 것이다. K의 사례를 내가 나 스스로 직접 적용해본다고 생각해 보자. '어포메이션'의 원리는 다양하게 활용할 수 있다. 많은 사람이 '확언'과 관련하여 병행하면 좋을 것으로 추천하는 것 중 하나가 바로 '감사 일기'이다. '감사 일기'를 처음 작성하는 사람들이 으레 하는 이야기가 감사할 일을 찾기 어렵다는 것이다. 이럴 때 '어포메이션' 기법을 적용한 질문을 던져볼 수 있다.

"오늘 하루는 왜 이렇게 감사할 일로 가득 차 있지?"

*감사 일기와 관련하여 한 가지 조언하고 싶은 것이 있다. 감사 일기는 결국 자신 안의 긍정성을 채워 넣기 위한 것이다. 그렇기 때문에 만약에 '감사'라는 개념을 '자신에게 주어진 유익에 대한 긍정적 반응'으로 이해한다면, 감사함을 느끼는 것이 쉽지 않을 것이다. 감사 일기를 쓰는 것은 기존에는 미처 느끼지 못했던 새로운 감사함을 찾아야 한다는 말과 일맥상통한다. 갑자기 복권에 당첨되어 예상치 못한 돈이 생긴 것에 대해 당연하게 생각하지 말고 감사함을 느끼는 것도 중요하지만, 그동안 느끼지 못했던 내 주변 환경의 가치를 되

새기고, 감사함을 느끼는 것이 더 중요할 수 있다. 예를 들면, 매일 아늑하게 잠을 잘 수 있게 제대로 기능해주는 침대, 원하는 곳을 안전하게 갈 수 있도록 해주는 자동차 등 자신의 삶에 너무나 깊숙하게 들어와 있어 그 가치를 몰라보았던 것을 새롭게 바라보고 인식하여 감사함을 느끼는 것 역시 감사 일기의 한 축이 된다.

　감사 일기 못지않게 추천하고 싶은 것이 '스스로 행동을 칭찬하는 일기'이다. 목표를 향해 열심히 달려 나가다 보면 스스로 잘하고 있는 것인지 고민이 되고, 자신감이 사라지는 순간이 온다. 이럴 때 자신의 행동을 하나하나 돌아보고 칭찬하는 일지를 작성하는 것은 큰 힘이 된다. 물론 이 역시 어포메이션 기법을 적용하면 더 수월하게 할 수 있다. 가령, "오늘 나의 하루는 왜 이렇게 만족스럽지?"와 같은 질문이 예시가 될 수 있다. 물론 '감사 일기'나 '칭찬 일기' 같은 것들은 하루를 충실히 살았음을, 즉 열심히 행동했음을 전제로 한다. 이 책의 궁극적 주제인 더 센싱이든, 이 챕터의 주제인 확언이든, 화룡점정을 이루는 것은 실천적 행동임을 잊어서는 안

된다. '강화' 단계를 통해 잠재의식 속에 긍정성을 불어넣었다. 이제 본격적인 시각화를 배워보고 실천할 준비가 되었다. 잠재의식 속의 부정성을 비워내고 긍정성으로 채운 지금 정확한 방법을 토대로 시각화를 실천한다면 그 효과를 극대화할 수 있고, 인생의 목표에 성큼 다가서게 될 것이다.

목표를 믿는 힘

1950년대 이전 사람들은 1마일(1.6km)을 4분 안에 달릴 수 있을 것이라고 상상조차 하지 못했다. 어떤 이는 4바퀴를 돌아 4분만에 1마일을 도는 것 자체가 완벽한 숫자의 조화를 보여주는 신의 안배라고까지 표현했다.

그러나 이 믿음은 1954년 5월 6일 25세의 영국 청년 로저 배니스터는 인류 최초로 1마일(1.6km)를 3분 59.4초만에 주파하면서 깨져버렸다. 옥스포대 대학교에서 장학금을 받는 의대생으로 엄격한 학업량을 소화해야 했던 배니스터는 남들만큼 달리기 훈련에 집중하지 못하는 대신 시각화에 집중했다고 한다. 1마일을 4분 안에 달리겠다는 명확한 목표를 갖고 경주의 전 과정을 단계별로 시각화하는 훈련을 거듭했고, 결국 목표를 이루어냈다.

한 가지 흥미로운 사실은 배니스터가 4분의 벽을 깨자마자 두 달이 채 지나지 않아 배니스터의 라이벌이었던 호주 출신의 존 랜디가 배니스터의 기록을 깨뜨렸다. 일년 뒤에는 37명의 선수들이 4분의 벽을 넘었고 2년 뒤에는 4분의 벽을 뛰어넘은 선수가 300명이나 나타났다는 것이다.

누군가 할 수 있다는 사실을 눈으로 확인한 뒤에는 그 목표를 향해 나아가는 것이 어렵지 않다. 로저 배니스터가 대단한 점은 전 세계 모든 사람이 손을 내저었던 목표에 대해 강한 자기 확신을 갖고 스스로를 믿으며 나아갔다는 것이다.

더 센싱 5단계 로드맵 중 Step 2 정화 총정리

보다 효과적인 확언을 위해서는

1) 현재 상황을 냉철하게 판단한 뒤,

2) 최대한 구체화 된 목표를 데드라인과 함께 설정하고,

3) 목표를 세분화 하여 명확한 액션플랜을 도출한다.

4) 목표와 액션플랜을 상기시킬 수 있는 비전 보드와 만다라트를 만들면 큰 도움이 된다.

5) 이렇게 도출된 목표와 액션플랜을 간결한 정리한 문장이 바로 확언 문장이 된다.

6) 확언 문장을 자신만의 패턴에 맞춰 외치는 것으로 효과를 보지 못한다면, 어포메이션 기법을 활용하는 것을 추천한다.

   a) 스스로가 궁극적으로 무엇을 원하는지 자문한다.

   b) 목표가 이미 이루어진 것으로 여기는 질문을 'why'의 관점에서 만든다.

   c) 방금 만든 질문 속 현실에 대해 의심하지 않고 진실로 받아들인다.

   d) 삶에 대한 새로운 가정에 근거해 행동하기 시작한다.

7) '감사 일기' 및 '칭찬 일기'를 통해 잠재의식에 긍정성을 충전하는 것에 도움을 줄 수 있다.

실천
Act

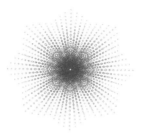

지금껏 잠재의식을 개선하기 위해 총력을 기울였다. 잠재의식 속 깊은 곳에 자리를 잡아 부지불식간에 우리를 성공으로부터 멀어지게 만드는 부정적인 것들을 덜어내고, 그 빈자리를 확고한 목표와 체계적인 계획 그리고 긍정성으로 채웠다. 이제는 보다 직접적으로 목표를 달성하는 모습을 상상하여 우리의 뇌가 우리를 성공으로 이끌어가도록 만들어야 한다. 여기서 잠깐, 한 가지를 짚고 넘어가고자 한다. 더 센싱 5단계 로드맵은 이미 설명한 대로 '정화 – 강화 – 실천 – 대응 - 도약' 5단계로 이루어져 있으며, 이 모든 단계를 총망라하여 넓은 의미의 시각화, 즉 더 센싱이라고 정의한다. 반면, 이번 챕터에서 사용하는 단어인 시각화는 말 그대로 익히 알려져 있는 '성공하는 모습을 상상하는 행위'를 의미하는 시각화이다.

이 책에서는 지금까지 넓은 의미의 시각화에 대해 총체적으로 설명하였다. 그 역사와 배경을 짚고, 신경과학적, 심리학적 근거도 살펴본 뒤, 더 센싱 5단계 로드맵의 첫 번째, 두 번째 단계까지 차근차근 설명했음에도 불구하고 약간의 갈증이 남아 있을 수 있다. '그래서 도대체 시각화를 어떻게 하는 건데? 그 구체적인 방법이 뭔데?'라고 외칠 수도 있다. 그러나 이런 엄밀한 방법을 찾는 노력은 오히려 시각화를 방해한다. 시각화를 하는 '정확한 방법'이 있을 거라고 생각하고, 더 나은 '방법'을 찾아 헤매는 것은 불필요한 걱정이다. 세상에 시각화를 굳게 믿고 실천하는 사람이 1,000만 명이 있다고 하면, (물론 공통적으로 적용하는 원리는 있겠지만) 세부적인 디테일과 차이점을 고려해보면, 세상에는 1,000만 가지의 시각화 방법이 있을 것이다. 왜냐하면 각자의 상태가 다르고, 더 집중이 잘 되는 방법이 다르기 때문이다. 인터넷에서 시각화 기법을 검색하면, 각양각색의 수천 가지의 기법이 나오는 이유가 바로 그것이다. 요컨대, 자신만의 시각화 기법을 정립하는 것이 관건이다. 일단, 이미 검증된 시각화 방법론을 알아보고, 자신만의 시각화 기법을 만들기 위한 공통 원리를 파헤쳐 보자.

첫 번째로 소개할 시각화 기법은 전 세계적인 베스트셀러 『영혼을 위한 닭고기 수프』의 저자 잭 캔필드(Jack Canfield 카운셀러, 작가)가 제안하는 방법으로 일명 '영화관 시각화'라고 할 수 있다. 우선 가볍게 어깨를 털고 심호흡을 한 뒤, 눈을 감고, 영화관에 앉아 있다고 상상하라. 곧 조명이 천천히 꺼지는 모습을 떠올려라. 이제 영화가 시작된다. 이 영화의 주인공은 다름 아닌 우리이다. 스크린에는 우리가 계획한 그 어떤 것이든 간에 완벽하게 실행해 내는 모습이 상영된다. 멋지게 행동하는 자신의 모습을 떠올리고, 그렇게 행동하는 순간의 감정을 느껴라. 감정을 충분히 느낀 뒤, 영화가 상영

되는 스크린을 작은 비스킷 크기로 줄여 입으로 가져가 씹어 삼킨다고 상상하라. 영화 속에 멋진 자신의 모습이 자신의 몸속으로 들어와 온 세포와 신경을 타고 손끝, 발끝까지 퍼져 나간다고 상상하라. 이 기법은 가장 널리 알려진 시각화 기법 중 하나라고 해도 과언이 아니다. 이 방법의 특징은 자신이 주인공인 영화를 보는 것처럼 접근한다는 것이며, 최소 5분 정도 지속할 것을 권한다.

두 번째로 소개할 시각화 기법은 방금 소개한 것과는 다소 차이가 있다. 에모리대학교에서 성인 심리치료 프로그램을 담당한 제니스 빌하우어 박사(Jennice Vilhauer 심리학 박사)는 다른 사람의 관점에서 자기 자신의 성공 장면을 상상하는 것은 물론 효과가 있지만, 자기 자신을 그 장면 속에 집어 넣는다면 더욱 효과적일 수 있다고 주장한다. 즉, 우리가 주인공인 영화를 보는 것이 아니라 영화 속에서 우리가 행동하는 것을 상상하는 것이다. 그리고 이것이 우리가 보편적으로 떠올리는 시각화 기법이다. 제니스 박사가 강조하는 것은 역시 디테일이다. 그녀는 성공의 순간에 우리가 서 있을지, 앉아 있을지, 어떤 표정을 짓고 있을지까지 아주 세세하게 상상할 것을 조언한다. 이 두 가지 기법은 (이미 눈치챘겠지만) '인칭' 측면에서 차이가 있다.

세 번째로 소개할 방법 역시 독특하다. 만약 당신의 목표가 계약을 성공시킨다거나, 프레젠테이션을 완벽하게 진행한다거나 하는 것과는 조금 다르게, 롤모델로 삼는 누군가처럼 더 멋진 내가 되는 것이라면, 타라 스와트 박사가 강조하는 '동일시 기법'을 참고할 만하다. 우선 자신의 롤모델을 선정하라. 롤모델을 고르는 데는 특별한 방법이나 기준이 있지는 않다. 역사적 위인이든, 같은 시대를 살아가고 있는 인물이든, 아니면 가족이나 친구처럼 유명하지 않더라도 본받을 점이 있다면 문제없다. 성별도 무관하다. 그저 자신이 바라는 특성, 자질, 능력을 확실하게 갖춘 사람이면 충분하다. 이제 고요한 장소에서 눈을 감는다. 만약 그 사람의 사진이 있다면 눈을 감기 전 잠시 사진을 바라본다. 이것은 마치 '정화' 단계에서 작성한 비전 보드를 바라보는 것과 같은 기능을 한다. 눈을 감은 채로 롤모델이 마치 바로 앞에 있다고 상상하

라. 롤모델의 눈빛, 전반적인 생김새, 목소리, 풍기는 분위기, 향기 등 그 사람의 존재감을 총체적으로 느껴라. 충분히 시각화한 뒤, 롤모델과 자신을 동일시하기 시작한다. 그 사람의 모든 것과 자신의 모든 것이 똑같아지는 것을 떠올린다. 처음에는 외모에서부터 시작해서 그가 행동하는 것, 그가 갖고 있는 능력까지 모든 것을 완벽히 갖추게 된 자신을 상상하라. 타라 스와트 박사는 이 시각화 기법의 핵심은 자기 자신에게는 그토록 원하는 능력의 씨앗이 숨겨져 있다는 사실을 깨닫는 것이라고 말한다.

고요한 해변을 걷는 자기 자신을 상상하는 시각화 기법도 있다. 따사로운 햇살과 푸른 하늘, 리드미컬한 파도가 만들어내는 자연의 소리, 맨발로 걷는 모래사장의 느낌 등을 총체적으로 상상하는 것이다. 온기가 온몸에 퍼지면서 긴장과 불안이 사그라드는 자신을 시각화하는 것이 주요 목표이다. 여기에 소개된 방법을 시도해보는 것도 좋고, 만약 텍스트로만 읽어서는 감이 안 온다면, 넷플릭스에서 공개한 〈헤드 스페이스 명상〉 영상을 보는 것도 시각화 훈련의 좋은 출발점이다. 참고로 넷플릭스 영상에서는 밝은 빛을 떠올리는 것으로 시작한다. 최근에는 시각화 명상을 안내하는 유튜브 채널도 생겼고, 시각화를 소개하는 명상 애플리케이션 내지는 웰니스 플랫폼도 많이 있으니, 스마트 기기를 이용한 명상에 익숙하다면, 한 번쯤 시도해볼 만하다. 다만, 유의할 점은 이런 채널 및 기기에서 소개되는 기법 역시 해당 콘텐츠 제작자의 방식이라는 것이다. 다시 말해, 어느 시각화 기법 콘텐츠를 접한 뒤 자신과 맞지 않는다고 느끼게 된다면, 그것은 시각화가 잘 맞는 것이 아니라 특정한 기법이 자신과 잘 맞지 않는 것이라고 보는 것이 더 타당할 것이다.

이쯤에서 지금까지 소개한 기법들이 사이비처럼 느껴질 수도 있다. 가령, 영화관을 상상하고, 그 안에서 자신이 주인공인 듯한 영화를 보는 모습을 그린다는 것이 이상하게 느껴질 수 있다. 충분히 그럴 수 있다. 왜냐하면 저 기법은 저 기법을 이상하게 생각하지 않는 사람들에게 의미가 있는 것이기 때문이다. 영화관을 상상하든, 뮤지컬 무대를 상상하든, 해변을 상상하든 아무래도 좋다. 이런 것들은 시각화라는 뼈대 위에 씌어진 옷일 뿐이다. 이 옷이 마음에 들지 않는다면 다른 옷을 택하면 된다. 자신과 잘 맞지 않는 옷을 억지로 입을 필요는 없다. 자기한테 꼭 맞는 비스포크(Bespoke 맞춤 제작)를 택하면 될 일이다. 시각화 기법은 무궁무진하다. 시각화 기법을 통해 그리고 싶은 장면이 모두 다르기 때문이다. 따라서, 자기 자신에게 알맞은 시각화 기법을 정립하는 것이 핵심이다. 『웰씽킹』으로 널리 알려진 켈리 최 회장 역시 오랜 시간 시각화를 실천하며, 스스로 맞는 기법을 구상하고, 계속 발전시켜왔다고 밝힌 바 있다. 앞서 살펴본 시각화 기법을 포함한 각종 방법을 종합적으로 살펴보고 연구하다 보면, 몇 가지 공통적으로 적용되는 원리들을 찾을 수 있다. 이 원리들이 바로 시각화 기법의 뼈대이다. 이 뼈대를 명확히 이해하고, 이것을 바탕으로 자신만의 시각화 기법을 만들어가면 된다. 수많은 시각화 기법을 분석한 결과 찾아낸 핵심 뼈대는 총 4가지이다.

1) 이완

많은 시각화 기법이 상상에 앞서 신체 긴장을 이완시킬 것을 권한다. 긴장과 불안감은 시각화의 가장 큰 적이기 때문이다. 이완시키는 방법은 크게 세 가지가 있다. 가장 대표적인 것은 바로 호흡이다. 깊게 숨을 들이쉬고 내쉬며 차분함을 찾아야 한다. 의식적으로 호흡을 하는 것이 낯설다면, 코끝으로 시원한 공기가 들어와 목구멍을 거쳐 배가 살짝 부풀었다가 꺼지는 과정을 오롯이 느껴라. 이 호흡 사이클을 의식적으로 느끼며, 숨을 들이쉬고 내쉬는 것을 대여섯 번만 반복해도 분주한 마음이 침착하게 가라앉는 것을 느낄 수 있다. 호흡을 하며 신체 감각을 다시 한번 인지하는 것 역시 몸의 긴장을 풀고, 이완하는데 탁월한 효과가 있다. 평소에 의식하지 않았던 신체 부위에 주의를 기울여 보는 것이다. 호흡을 하며 자신의 목, 어깨, 가슴, 팔, 손가락, 허리, 골반, 무릎, 발목, 발가락에 무슨 느낌이 드는지 관찰해보는 것이다. 이렇게 몸을 차례대로 관찰하는 '바디 스캔'은 그 자체로 하나의 훌륭한 명상이다. 최근에는 싱잉볼 등을 활용한 '사운드 배스'가 큰 인기를 끌고 있다. 사운드 배스란, 말 그대로 사운드(Sound)-소리로 배스(Bath)-목욕을 하는 것이다. 사운드 배스용 악기가 엄밀하게 정해져 있는 것은 아니지만, 보통은

싱잉볼이라는 악기를 활용하는데, 편한 자세로 싱잉볼 연주 소리에 주의를 집중하는 것이다. 소리에 귀를 기울이다 보면, 저절로 몸이 이완되는 경험을 할 수 있다. '사운드 배스'를 경험하는 가장 좋은 방법은 역시 실제 연주를 듣는 것이지만, 다양한 유튜브 채널 또는 웰니스 관련 애플리케이션을 통해 간접적으로 경험할 수 있다.

일상에서 오랜 시간 긴장이 누적되어 여기에서 소개한 방법들로 효과를 보지 못했다면, '알렉산더 테크닉'이나 '펠든크라이스'와 같이 신체 감각 인지와 신체 긴장 이완에 매우 뛰어난 효과를 발휘하는 특정한 기법을 배워보는 것도 좋은 방법이 될 수 있다. 시각화를 하기에 앞서 몸과 마음의 긴장을 풀고 불안을 유도하는 과도한 생각에서 벗어나는 것은 대단히 중요하다. 만약 긴장과 불안이 가득한 채로 시각화를 하게 되면, 시각화는 긴장과 불안을 이완하는 역할만 하고 끝나게 될 것이다. 그 이상의 효과를 볼 수 없다는 뜻이다. 시각화의 진정한 효과를 누리기 위해서는 보다 깊게 몰입해야 하며, 이를 위해서는 긴장 이완이 선행되어야 한다. 호흡과 신체 감각 인지 그리고 '사운드 배스'는 직접적인 긴장 이완 방식인데, 몸과 마음의 이완에 도움을 줄 수 있는 간접적 방법도 있다. 바로 주변 환경을 정리하고 청소하는 것이다. 시각화를 하기에 앞서 침대 위 이불을 가지런히 개어두고, 옷을 잘 걸어두고, 책상을 간단히 정리해보라. 가능하다면 방을 쓸고 닦는 것도 좋다. 주변 환경을 깨끗하게 만드는 것만으로도 기분이 한결 차분해지고 좋아질 것이다.

2) 상상

직접적인 시각화를 할 때는 다음과 같은 것들을 고려해야 한다.

- 명확한 목표와 구체적 과정
- 감각 활용
- 인칭 : 참여자 (1인칭) 그리고 관찰자 (3인칭)
- 다양한 시나리오
- 자세와 표정

명확한 목표와 구체적인 과정을 떠올려야 한다는 것은 이미 수차례 강조하였다. 이 목표와 과정을 떠올릴 때 역시 계속 강조했듯이 활용할 수 있는 모든 감각을 다 활용해야 한다. 시각, 청각, 후각, 미각, 촉각 그리고 운동 감각과 고유수용성 감각 그리고 내수용성 감각까지 모두 활용하여 상상하라. (만약 '비전 보드'를 만들어 두었다면, 상상하기에 앞서 '비전 보드'를 주의 깊게 바라보는 것이 집중력을 높여줄 수 있다)

목표와 목표 달성 과정을 감각적으로 상상하는 방식에는 크게 두 가지가 존재한다. 첫 번째는 상상 속 주인공이 되는 1인칭 시점 또는 참여자 시점 방식이며, 두 번째는 어떤 장면을 바라보는 3인칭 시점 또는 관찰자 시점 방식이다. 영어 표현으로는 전자를 'Experiential View', 후자를 'Camera View'라고 일컫기도 한다. 일반적으로는 1인칭 시점의 시각화가 더 효과가 좋다고 알려져 있으나, 3인칭 시점의 시각화역시 나름의 유익이 있다고 한다. 사회심리학자이자 아마존 베스트셀러 『역설계』의 저자인 론 프리드먼은 1인칭과 3인칭 시점을 번갈아 적용할 것을 조언한다. 그에 따르면, 1인칭 시점 시각화는 감정을 상상하기 훨씬 용이하며, 반면 3인칭 시점 시각화는 감정에 대해 거리를 두고, 자신에 대한 주변 환경을 예상하는데 도움이 된다고 한다. 즉, 시각화의 목적에 따라 적재적소에 시점별 시각화 기법을 활용하는 것이 권장된다.

자신만의 시각화를 구상할 때 고려해야 하는 점이 한 가지 더 있다. 다양한 시나리오를 염두에 두는 것이다. 예를 들어, 벤처 투자자 앞에서 자신의 비지니스를 멋지게 피칭하여 투자를 이끌어내야 하는 자리가 있다면, 피칭이 진행되는 동안 발생할 수 있는 여러 가지 시나리오를 떠올려 보는 것이다. 스스로 시나리오를 떠올리기 어렵다면, 1인칭 시점과 3인칭 시점 기법을 번갈아 적용해보라. 이 역시 다양한 시나리오를 떠올리는 데 큰 도움이 된다. 미국의 리더십 코치 켄 다우너는 보다 손쉽게 시각화를 실천하고, 습관화하기 위한 방법으로 자신만의 큐카드(Cue-card)를 만들라고 조언한다. 가령, 프레젠테이션을 자주 해야 하는 사람이라면 프레젠테이션을 시각화할 때 고려해야 하는 요소들을 미리 리스트로 정리해두는 것이다. 물론, 리스트를 한 번에 완성할 수는 없겠지만, 꾸준히 시각화를 연습하면서 자신이 시각화를 할 때 상상해야 하는 요소들을 정리해둔다면, 조금 더 생생한 시각화를 하는데 도움이 될 것이다. 뿐만아니라, 이런 리스트가 있다면 원하는 목표를 달성한 뒤, 새로운 목표를 설정하고, 그에 대한 시각화를 할 때도 훨씬 수월하게 할 수 있을 것이다. 마지막으로, 자세와 표정 역시 시각화를 실천할 때 중요하게 고려해야 하는 요소이다. 표정의 경우 입꼬리를 살짝 올려 미소를 짓는듯한 느낌을 갖는 것이 중요하다. 심리학자 윌리엄 제임스는 '행복해서 웃는 것이 아니라 웃기 때문에 행복해진다'라는 말을 남겼다. 의식적으로 입가에 미소를 띄우면 기분이 좋아지고, 이것은 시각화에 용이한 조건을 만드는 것과 마찬가지이다. 신체 자세의 경우 가급적 바르고 꼿꼿한 자세를 유지하는 것이 좋다. 가령, 누워서 시각화를 연습하게 되면 신체 긴장이 이완되어 집중이 잘 되기도 하지만, 금세 졸음을 느끼고 잠들어 버릴 수도 있다. 무엇보다 중요한 것은 시각화의 끝에 기분 좋은 느낌을 갖는 것이다. 만약 시각화를 하면서 오히려 불안감이 생기고, 자기 자신을 의심하게 된다면, 시각화를 통한 긍정적 효과를 체감하기란 요원할 것이다. 시각화의 결과로 기분이 좋아지려면 당연한 이야기 겠지만, 자신이 실천하는 시각화에 확신을 갖고 깊게 몰입해야 한다. 시각화의 결과로 오히려 기분이 나빠진다면, 그것은 안 하느니만 못한 것이라는 사실을 명심해야 한다. 시각화 기법을 소개하는 많은 콘텐츠들이 한 번 상상을 할 때 최소 5분에서 15분 정도 지속할 것을 권하며, 론 프리드먼(Ron Friedman 심리학자) 역시 눈을 감고 상상하는 시간은 20분 정도가 최적이라고 말한다. 그러나, 단 3분 동안 집중해서 수행하는 것도 효과가 있다는 연구 결과도 존재한다.

3) 확언

이전 챕터에서 '어포메이션'을 비롯한 확언 기법을 배웠다. 이 확언 기법을 적용할 타이밍이 바로 매일 시각화를 실천한 직후이다. 시각화 상상을 마친 뒤 소리 내어 자신만의 확언 문장을 읊조린다면, 자신감을 갖게 되고 시각화의 효과를 극대화할 수 있다. 시각화와 확언은 떼려야 뗄 수 없는 관계라는 점을 기억하라.

4) 저널링

시각화와 확언의 과정에서 느꼈던 감각과 찾아온 감정을 손으로 적어 보는 것 역시 시각화의 효과를 키우는 데 도움이 된다. 확언 문장 자체를 손으로 천천히 눌러 쓰는 것 역시 추천할 만하다. '저널링'의 목적은 근본적으로 시각화 실천 다짐을 공고하게 만들기 위한 기록이다. '저널링'이라는 단어의 사전적 의미가 벗어나지만, 따라서 꼭 글을 쓸 필요는 없다. 인도의 델리에서 아티스트로 활동하며, '현현(Manifestation)'과 '시각화(Visualization)'를 코칭하는 나타샤 샤는 창조적으로 그림을 그리는 것이 글쓰기나 말하기 못지않게 자신의 내면을 표현해내기에 적합한 기법이라고 주장한다. 반복하여 강조하지만, 특정한 형태나 포맷, 틀은 중요하지 않다. 무엇이 되었든 자신에게 가장 적합한 방식을 찾아내어 자기화하는 것이 우선이다. '이완 – 상상 – 확언 – 저널링'은 하나의 체계를 갖춘 시각화의 뼈대이다. 이 뼈대를 아우르는 자신만의 상상 장면을 구성하라. 그리고 꾸준히 반복하라.

시각화를 실천하기에 가장 좋은 시간대가 있을까? 『Creative Visualization 간절히 원하면 기적처럼 이루어진다.』의 저자 샥티 거웨인은 그녀의 저서에서 매일 아침 눈을 뜬 직후, 그리고 밤에 잠들기 직전이 시각화를 하기에 가장 좋은 시간대인 것 같다는 의견을 밝힌 뒤, 시간적으로 여유가 된다면, 한낮에도 잠시 동안 시각화를 하는 것을 추천했다. 시각화를 실천하기에 가장 좋은 시간대라는 것은 특별히 없지만, 긴장을 풀고 이완된 상태에서 시각화를 해야하는 점을 고려한다면, 아침 기상 직후 또는 취침 직전이 시각화를 하기에 가장 적합한 시간대로 생각하기에 큰 무리 없을 것이다. 사실 특정한 시간대가 시각화에 좋다고 섣부르게 판단하기보다는 자신이 최대한 집중력을 끌어올릴 수 있는 시간대를 찾는 것이 중요하다.

우리는 모두 서로 다른 삶의 패턴, 일상의 리듬을 갖고 있기 때문에 맑은 정신으로 시각화에 집중할 수 있는 시간대가 다르다. 자기 자신이 가장 집중할 수 있는 시간에 하는 것이 옳다. 극단적으로 말해, 출근 시간이 엄청나게 오래 걸리는 직장인이 아침 기상 직후에 시각화를 하려고 마음을 먹었지만, 수면 패턴 등으로 인해 아침에 헐레벌떡 적당히 관성적으로 시각화를 하는 것은 아무런 도움이 되지 않는다는 사실은 너무나 뻔하다. 이럴 땐, 차라리 출근 직후에 시각화를 하는 것이 당연히 낫지 않을까?

시각화를 실천하는 장소 역시 마찬가지이다. 자신이 가장 잘 집중할 수 있는 곳을 찾아야 한다. 물론 그곳이 가급적 깔끔하고 정리가 잘 되어 있는 곳이라면 그 효과는 더욱 클 것이다.

최근 북미권에서는 자동차 안에서 명상하는 'Meditation in Car'가 인기를 끌고 있다. 구글 키워드 검색량이 1억 개를 초과할 정도이다. 차 안에서 명상을 하는 것의 장점은 자동차 안이라는 환경이 심리적 안전감과 아늑함을 주기 때문이다. 이처럼 꾸준히 시각화를 할 수 있는 자신만의 안전한 장소를 찾는 것이 장기적인 시각화 실천의 성공 가능성을 높이는 길이다. 시각화를 꾸준히 실천해나가기 위해서 중요한 것은 역시나 규칙적으로 실천하는 것이다. 항상 같은 시간대, 같은 장소에서 실천하는 것이 도움이 된다.

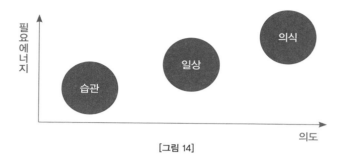

[그림 14]

  '마음 챙김' 관련 아티클과 뉴스레터를 발행하는 〈Ness Labs〉의 설립자인 앤 로르 박사는 그녀가 만든 〈Ness Labs〉에 「Habits, routines, rituals 습관, 일상, 의식」라는 제목의 칼럼을 쓴 적이 있다. 이 칼럼에서 그녀는 위 차트를 통해 습관과 루틴 그리고 리추얼의 차이점을 설명한다. 이 차트는 에너지와 의도로 구성되어 있는데, 이에 따르면, 리추얼이란 매우 뚜렷한 의도를 갖고 큰 에너지를 들여서 수행하는 행동이다. 시각화를 처음 실천한다면 그것은 바로 리추얼에 해당할 것이다. 뚜렷한 의도와 큰 에너지가 필요하기 때문에 처음에는 쉽지 않을 테지만, 꾸준히 실천하다 보면, 차츰차츰 익숙해지면서 시각화가 하나의 습관으로 내재화될 것이다. 시각화를 습관화하기 위한 방법으로 서구권에서는 시각화를 실천하기 위한 챌린지가 보편적이다. 특히, 틱톡에서는 '369 법칙'이라는 것이 큰 인기를 끌었던 바 있다. '369 법칙'이란 매우 간단한데, 아침에 3번, 오후에 6번, 밤에 9번 시각화의 중심이 되는 목표 문장을 적는 것이다. 국내에서는 스노우폭스 김승호 회장을 비롯한 기업가들의 강연에 영감을 받아 목표 문장 100번 쓰기가 유행했었다.

시각화를 실천할 때 유의해야 할 몇 가지를 언급하고 싶다. 첫 번째로 명심해야 할 사항은 '시각화 방법에 집착하지 말 것'이다. 너무 많은 사람이 절대적으로 올바른 시각화 방법이 있을 것이라고 오해한다. 그러나 중요한 것은 계속 반복해서 강조하지만 시각화를 하고 난 뒤, 자신의 기분이 좋아진다면, 그것은 충분히 좋은 기법이라는 사실이다. 너무 빨리 포기하지 않도록 인내심을 갖는 것 역시 중요하다. 비단 시각화를 포함하여 세상에 존재하는 많은 귀하고, 가치 있는 것들은 그것의 진면목을 보기까지 상당한 시간이 걸린다. 급할수록 돌아가라는 만고불변의 진리처럼 인내심을 갖고 끈기 있게 지속해야 한다. 시각화 자체에 대해 너무 많이 생각하는 것도 금물이다. 시각화에 대해 생각하기보다는 시각화를 '실천'하는 것에 집중하라. '개념'보다는 '경험', '생각'보다는 '실천'이 우선한다.

마지막으로, 시각화를 완성하는 화룡점정은 따로 있다. 그것이 무엇일까? 그것은 우리가 모두 다 알고있는 것이다. 정답은 실천적인 행동이다. 행동은 시각화를 완성해 목표를 달성하게 만들기도 하지만, 행동하는 것 자체가 시각화의 효과를 증가시키기도 한다. 앞서 시각화를 할 때 긴장과 불안감을 해소해야 한다고 강조했다. 긴장과 불안감을 해소하기 위해 호흡을 비롯한 여러 가지 방법을 소개했으나, 개인적인 경험으로 봤을 때 가장 효과적인 방법은 평소에 충실히 열심히 사는 것이다. 당장 해야 할 일에 집중하고, 시간을 허투루 쓰지 않은 하루의 끝에는 긴장과 불안보다는 뿌듯함이 가득할 것이다. 그리고 이런 뿌듯함을 느끼는 상태야말로 시각화를 하기에 최적의 상태이다. 요즘 유행하는 키워드 중 하나는 다름 아닌 'Here and Now, 현존'이다. 현존이라는 두 글자는 매우 심오하고 철학적이지만, 그 본질은 어쩌면 매우 단순할지 모른다. 과거와 미래에 얽매이지 않고, 그저 지금 이 순간을 살며, 해야 할 일 그리고 목표를 달성하기 위해 계획한 일에 충실하는 것이 바로 현존이다. 즉, 현존을 만드는 것은 다름 아닌 행동이다. 행동하라. 행동은 시각화라는 퍼즐의 마지막 조각이다.

더 센싱 5단계 로드맵 중 Step 3 실천 총정리

실제적인 상상을 의미하는 좁은 의미의 시각화는 크게 4가지로 구성된 뼈대를 갖고 있다. 시중에 널리 알려진 시각화 기법들은 모두 다음 뼈대를 토대로 각자만의 방식으로 체계화한 것이다. 이것들을 참고하는 것은 시각화를 처음 연습할 때 분명히 도움이 되지만, 반드시 이것에 얽매일 필요는 없으며, 자기만의 방식으로 발전시키는 것이 중요하다.

1) 이완 : 시각화를 하기 직전에 몸과 마음의 긴장을 이완시켜야 한다. 이완에 효과적인 방법은 호흡, 바디스캔, 사운드배스 등이 있다. 그 외에 주변 환경을 정리하고 청소하는 것도 간접적으로 이완에 도움이 된다.

2) 상상 : 명확한 목표와 구체적 과정을 모든 감각을 활용하여 상상한다. 이때 1인칭 시점과 3인칭 시점을 목적에 알맞게 활용하며 다양한 시나리오를 모두 염두에 두는 것이 권장된다. 또한, 가벼운 미소를 띄고 반듯한 자세로 상상을 하는 것도 도움이 된다.

3) 확언 : 상상을 마치고 확언을 하는 것은 시각화의 효과를 배가시킨다.

4) 저널링 : 시각화와 확언 중 떠오른 감정, 느낀 감각 등을 기록하는 것 역시 시각화의 효과를 증대시키는 방법이다.

시각화 유의 사항

- 시각화 방법에 집착하지 말 것
- 너무 빨리 포기하지 말 것
- 시각화에 대해 생각하기보다는 실제로 시각화를 할 것
- 목표를 달성하기 위해 계획한 행동을 실제로 수행하며 현존할 것

"언젠간 지금 운영하는 의류 쇼핑몰이 나만의 브랜드가 되어 월 5,000만 원씩 매출이 난다. 성공한 나는 근사한 옷을 입고 자신감 있는 모습으로 브랜딩 노하우를 알려달라는 강연을 진행한다. 나에게 열광하고 환호성을 보내는 사람들을 보면서 보람을 느끼고 뿌듯함을 만끽한다."

불규칙한 일상을 보내는 J는 여유가 있는 날에는 하루에 아침, 점심, 저녁 3번이나 시각화를 실천하지만, 어떤 날은 너무 고단한 하루를 보내느라 시각화라는 것을 떠올릴 겨를조차 없다. 장사가 잘되는 시기에는 며칠 동안 일에만 매달리게 된다. 시각화 훈련하면서도 이따끔 본인이 잘하고 있는 것인지 의심이 들 때도 있다. 무엇보다 막상 상상할 때는 어떤 일이든 잘 해낼 수 있을 것 같지만, 시각화를 마치고 현실로 돌아오면 어떤 일을 먼저 해야 할지 어떻게 해내야 할지 도통 감이 잡히지 않아 매일 똑같은 일상의 쳇바퀴에서 벗어나지 못하는 기분이다. 시각화를 열심히 하고 있기는 한데, 예상치 못한 블랙 컨슈머를 만나게 되면 금세 실의에 빠져버리게 된다. 그러다 보니 블랙 컨슈머를 만나 납득하기 어려운 환불 요구에 시달린 날 목과 어깨가 바싹 긴장된 채로 시각화를 시도하다가 그대로 잠들어 버리는 경우도 있다. 결과적으로, 누군가 J에게 시각화를 실천해서 효과를 보았느냐고 물어본다고 무언가 좀 나아진 것 같은 느낌이 들기도 하지만 확실히 콕 집어서 효과를 봤다고 말하기엔 조금 자신이 없다.

위 내용은 이미 챕터 6에서 살펴본 예시이다. 앞서 위 예시의 개선점도 함께 살펴보았으나, 이번 챕터에서 배운 내용을 토대로 다시 한번 검토해보길 권한다. J는 어떻게 하면 더 효과적인 시각화를 할 수 있을까?

J의 시각화 내용 고쳐보기

완벽주의가 성공에 큰 도움이 되지 않는다는 사실은 이미 널리 알려져 있다. 이는 시각화 기법을 실천할 때도 마찬가지로 적용되는 조언이다. 처음부터 완벽한 시각화를 한다는 것은 거의 불가능에 가깝다. 처음에는 이 책을 읽고 직관적으로 떠오르는 내용을 바탕으로 자신이 실천할 시각화 내용을 구성하라.

그 내용을 바탕으로 시각화를 실천해나가며, 중간중간 다시 이 책을 읽고, 조금씩 수정해나가길 권한다. 단번에 완벽한 시각화 훈련을 해내겠다고 자신하는 것은 금물이다. 모든 위대한 것은 한순간에 만들어지지 않는다.

대응
React

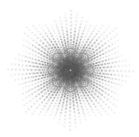

'정화 - 강화 - 실천' 단계를 차곡차곡 밟아 꾸준히 시각화를 실천해 나가더라도 어느 순간 포기하고 싶어질 때가 찾아온다. 생활 속에서 시각화를 열심히 하고 있지만, 긍정적인 결과는커녕 실패만 겪게 된다면, 당연히 있을 수 있는 일이다. 자꾸만 우리를 흔들리게 만드는 외부 소음이 들려올 때 자신이 실천하는 시각화의 근간이 흔들리게 되는 경우도 있다. 시각화 방법에 대해 더 나은 기술이 있다고 하는 유혹적인 말들, 달성하고자 하는 목표의 가치를 의심하게 만드는 말들, 목표를 달성하기 위해 신중하게 고려하고 수립한 '액션 플랜'을 재고하게 만드는 말들 등등 모두가 꾸준한 시각화를 방해하는 외부의 잡음이다. 또는 시각화를 꾸준히 한 결과, 실패는 없지만 성공도 없이 아무런 변화 없는 날들이 지속되어 그만두고 싶어질 때도 있다. 즉, 아무런 변화 없음 역시 지속적인 시각화 실천을 방해하는 요소가 될 수도 있다. 더 센싱 5단계 로드맵 중 네 번째인 '대응' 단계는 이렇게 시각화를 꾸준히 실천하는 도중 여러 가지 이유로 시각화 훈련의 효율이 떨어지고 종국에는 포기하고 그만두고 싶어지는 사태가 벌어지는 것에 대처하기 위한 단계이다. 한마디로, '대응' 단계는 시각화 훈련 중 매너리즘을 예방하고, 다시 한번 의지를 다져 쇄신하고 슬럼프를 탈출하기 위한 단계인 것이다.

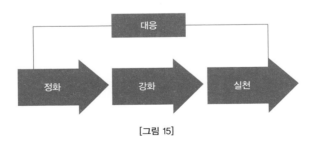

[그림 15]

'대응' 단계는 '정화 – 강화 – 실천'의 선순환 사이클을 만드는 것과 다르지 않은 개념인 만큼, 시각화를 꾸준히 실천하던 중 포기하고 그만두고 싶은 마음이 들기 시작한다면, 우선 '정화' 단계로 돌아가 잠재의식 속 부정성을 제거하는 것에서 출발한다. 그리고 다시 긍정성을 강화하고 시각화를 실천해 나가는 것이다. 그러나, 때로는 이 과정을 다시 반복하는 것 자체가 지겨워질 때가 있다. 지겨운 걸 넘어서 이렇게 하는 것이 맞는지 혼란스러운 시기가 찾아올 수도 있다. 말 그대로 매너리즘에 젖어 들어 슬럼프에 빠지는 순간이 올 수 있다는 것이다. 시각화의 매너리즘은 언제 생기는 것일까? 어떤 순간에 시각화의 슬럼프를 겪게 될까?

크게 다음 3가지 상황 중 하나일 확률이 높다. 첫째, 사기를 꺾는 실패를 계속 겪게 될 때, 둘째, 스스로는 아직 시각화에 집중하고 있으나, 주변에서 들려오는 이런저런 이야기들로 시각화에 대한 의구심이 들거나 동기부여가 저하되고 자기자신에 대한 의심이 생길 때, 마지막으로, 특별한 실패를 경험하지도 않았고 사기를 꺾는 외부 소음도 없지만,

큰 변화가 생기지 않아 답답할 때 즉, 타성에 젖어버린 때이다. 이 3가지 상황이 지속되면 매너리즘과 슬럼프가 야기된다. 이럴 때 많은 사람이 택하는 방법 중 하나가 멘토를 만나거나, 친구를 만나 조언과 응원, 격려를 듣는 것이다. 좋은 멘토를 만나는 것은 늘 유익한 일이다. 아울러 합리적인 조언과 응원, 격려를 해줄 수 있는 친구가 있다면 그 역시 인생의 큰 복이다. 그러나 이런 방법과 관련하여 아쉬운 점을 하나 꼽아보자면, 기본적으로 '나 자신'이 아닌 '외부인'에게 의존한다는 것이다. 이런 방법을 활용하다 보면 그들에게 미안한 마음이 들 수도 있고, 내가 원하는 때에 만나기 어려울 수도 있다. (힘들 때마다 만나달라고 할 수 없는 노릇이지 않은가?) 따라서 다른 사람에게 기대지 않고, 혼자 매너리즘과 슬럼프를 극복할 수 있는 방법을 찾아야 한다. 이제부터 소개할 방법은 100% 혼자서 할 수 있는 기술이다. 대응의 기술 1, 2, 3을 익혀둔다면 타인에게 의지하지 않고도 시각화를 포기하지 않고, 꾸준히 지속할 수 있도록 스스로 동기부여할 수 있을 것이다.

대응의 기술 1 - 실패의 시련화

매월 10일 13일은 '실패의 날'이다. 조금 생소하게 들릴 수도 있다. 실패를 기념하는 날이 따로 있었던가 하면서 말이다. 2010년 핀란드 알토대학교의 창업 동아리 알토이에스는 창업을 장려하기 위해서는 실패에 대한 두려움을 없애는 게 급선무라고 판단했다. 핀란드를 대표하는 게임 '앵그리버드'를 만든 로비오 엔터테인먼트는 '앵그리버드' 출시 이전에 50개에 달하는 게임 프로젝트를 모조리 실패했었다는 이야기, 조앤 K. 롤링 역시 전설적인 '해리포터' 시리즈를 계약하기 전까지 12번 이상의 투고에 실패했다는 이야기 등을 널리 알리기 시작했다. 이 캠페인은 큰 반향을 이끌어 냈고, 1년 뒤, 2011년 10월 13일 '실패의 날' 행사에는 요르마 울릴라 노키아 명예회장이 참가할 정도로 전 국가적인 규모로 성장하였다.

우리나라에서도 2010년대 초반 글로벌 강연 플랫폼인 TED의 공식 지역 이벤트 모임 'TEDx신촌' 조직위원회가 '성공적인 실패(Successful Failure)'라는 캐치프레이즈를 걸고, 실패를 주제로 한 강연회를 다수 개최하기도 하였다. 이렇게 실패의 중요성을 강조하는 메시지를 잘 들여다보면, 실패는 결국 성공으로 가는 디딤돌의 기능을 하므로, 실패했을 때 포기하지 않고, 긍정적으로 생각해야 한다는 것이다. 대한민국 역사에 길이 기억될 굴지의 기업가 정주영 전 현대그룹 회장 역시 '시련은 있어도 실패는 없다.'는 금과옥조 같은 말을 남겼다.

확실히 맞는 말이긴 하지만, 정작 실패를 경험하고 있는 사람에게는 잘 와닿지 않을 수 있다는 맹점이 있는 메시지이기도 하다. 실패를 맛보고 있는 사람에게 그저 긍정적으로 생각하라고 조언하는 것은 때로는 억지 긍정처럼 들릴 수도 있기 때문이다. 중요한 것은 실패를 어떻게 시련으로 인식하게 만드느냐 하는 것이다. 노력의 결과가 불만족스러울 때, 그것을 실패로 받아들일지, 아니면 시련으로 받아들일지의 갈림길에서 필요한 요령이 몇 가지 있다. 첫 번째는 실패에 대해 있는 그대로 기술하는 것이다. 주관적인 생각, 감정 등은 잠시 넣어 두고, 실패에 대해 객관적인 사실만 기술한다.

두 번째는 이제 실패라고 생각되는 그 경험을 통해 배운 것을 정리해본다. 실패를 통해 교훈과 배울 점을 찾으라는 것은 쉽게 들을 수 있는 조언인데, 이 '실패를 통해 배운 것'이라는 말이 다소 모호하게 느껴질 수 있다. '실패를 통해 배운 것'을 정리하라는 말을 구체적으로 풀어 써보자면, '내가 앞으로 다르게 행동할 지점'을 정리하라는 말에 가깝다. 즉, 이번에 실패라고 생각되는 경험을 하게 된 결과, 미래에 비슷한 상황이 벌어지면 어떻게 다르게 행동할지를 정리하는 것이 실패를 시련으로 바꾸는 지름길이다. 어떤 경험 이후에 아무것도 달라지지 않는다면, 그 경험은 실패로 남는다. 그러나 아무리 지독하고 혹독한 경험이라 할지라도 그것을 계기로 미래의 선택과 행동에 변화가 생긴다면, 그것은 시련일 뿐이다. 그리고 이렇게 변화하게 될 미래의 선택과 행동은 당연히 매일 매일 실천하는 시각화의 요소로 들어가야 할 것이다. 이것을 응용하자면, 이미 더 이상 현재에 영향을 주지 않는 과거의 오랜 실패 경험을 떠올려 보고, 그로 인해 현재 자신이 다르게 행동하는 점들을 적어볼 수 있다. 이 경험을 통해 실패를 시련으로 인식하여 한 단계 성장한 자신을 객관

적으로 바라볼 수 있고, 나아가 현재의 실패에도 능동적으로
대처할 수 있다는 자신감을 되찾을 수 있다.

실패에서 교훈을 찾아 미래의 선택과 행동 변화의 씨앗으
로 삼고 '실패의 시련화' 과정을 완성하는 것은 바로 '체크리
스트 만들기'이다. '체크리스트'는 말 그대로 반드시 확인해
야 할 것, 놓치지 말아야 할 것들을 기록하는 리스트이다. 그
리고 매우 간단하고 단순해 보이기 때문에 그 가치가 폄하되
고 있는 개념이다. 그러나 하버드대 의대 조교수이자 작가인
아툴 가완디(Atul Gawande 외국 공무원, 의사)는 인간은 불완전
한 기억력과 정신적 허점을 가졌기 때문에 필연적으로 실수
를 할 수밖에 없으며, 이 실수를 최소화하는 가장 유익한 전
략이 바로 체크리스트라고 강조한다. 의사인 그는 수술실에
서 생겨나는 각종 실수들로 인해 발생하는 합병증 또는 수술
후유증을 줄이기 위해 WHO와 협력하여 수술실에서 반드
시 확인해야 하는 체크리스트를 도입하기 시작했고, 그 결과
로 수술 사고 등을 대폭적으로 감소시킨 이야기를 모아 책으
로 펴냈다. 체크리스트를 만들기 위해서는 특정한 업무를 구

조화하고 해당 업무에 영향을 끼치는 요소와 그렇지 않은 요소를 구별할 수 있어야 한다. 즉, 실패를 겪었을 때 그 실패를 둘러싼 상황과 맥락을 구조화하고, 실패를 유발한 요인과 그렇지 않은 요인을 체계적으로 정리한 뒤, 미래의 유사한 상황에서 고려해야 하는 요인을 정리하여 리스트를 만든다면, 실패를 성공으로 가기 위한 시련으로 훌륭하게 탈바꿈시킬 수 있는 것이다. 나아가 완성된 체크리스트는 시각화의 좋은 소스가 된다. 시각화를 할 때 어떤 내용을 상상해야 하는지 알려주는 단서를 모아둔 것이 바로 체크리스트이다.

대응의 기술 2 - 외부 소음 줄이기

2020년 9월, 넷플릭스는 매우 흥미로운 다큐멘터리를 공개했다. 바로 페이스북, 인스타그램, 트위터 등 소셜 미디어의 이면을 파헤친 '소셜 딜레마'가 그것이다. 이 다큐멘터리는 소셜미디어가 어떻게 유저가 서비스를 더 오래 이용하도록 유도하는지, 그리고 유저의 관심사를 지속적으로 끌기 위한 '맞춤형 콘텐츠 보여주기 알고리즘'을 연구하는지 면밀히 살펴본다. 이 소셜 미디어의 '알고리즘'은 분명 우리에게 매우 유익한 정보를 가져다 주기도 한다. '시각화'를 처음 해보기로 마음 먹고 유튜브에서 검색해보면, 우측 탭에 마치 화수분처럼 계속해서 시각화 관련 자료가 나타난다. (마치 끌어당김의 법칙 같다!) 이런 경험을 토대로 계속 비슷한 콘텐츠를 보여주는 소셜 미디어 알고리즘을 잘 이용하면, 유익한 정보를 계속 습득할 수 있다고 여길 수 있다. 그러나, 여기에는 두 가지 맹점이 있다.

첫째, 유익한 정보를 계속 주기 때문에 시각화를 하는 것보다 시각화에 대해 생각하고 연구하게 된다. 즉, 실제로 시각화를 해야 하는데, 이것은 소홀히 하고 시각화에 대해 더 좋은 정보를 탐닉하게 되는 것이다. 둘째, 소셜 미디어의 특성상 메인 콘텐츠만 소비하는 것을 넘어 다른 사용자들이 달아둔 댓글 등을 같이 보게 된다. 아무리 댓글을 보지 않고 메인 콘텐츠만 소비하려고 해도 사람인 이상 댓글에 눈이 가는 것은 어쩔 수 없는 일이다. 즉, 불특정 다수의 의견에 영향을 받게 된다는 의미이다. 불특정 다수의 의견 역시 콘텐츠와 마찬가지로 때로는 우리의 의지를 강화하기도 하지만, 불신을 불러올 수도 있다. 이런 차원에서 각종 커뮤니티 사이트에서 잠시간 빠져나오는 것도 필요하다. 커뮤니티 사이트 역시 자신의 의견과 다른 새로운 견해를 만나볼 수 있고, 새로운 정보를 얻을 수 있다는 순기능이 있기는 하지만, 그에 못지않게 혼란함을 가중하는 역할을 하기도 한다. 극단적으로 말해, 시각화를 실천하다가 이것이 효과가 있는지 없는지 혼란스러울 때, 평소 가던 커뮤니티 사이트에 마침 시각화는 사이비에 불과하다는 글이 올라오고, 해당 글에 동조하는 댓글들이 달리는 모습을 본다면 어떨까? 단순히 커뮤니티 사이트의 글 하나를 보고 열심히 실천하던 시각화를 한순간에 그만둬버리는 경우는 드물겠지만, 알게 모르게 영향을 받을 수 있다는 점은 사실이다. 무의식적으로 자신이 하는 시각화에 대한 불신이 자라날 수도 있는 것이다. 무소의 뿔처럼 나아가기 위해서는 때때로 외부의 소리보다는 내면의 믿음에 집중해야만 한다. 누군가는 단순히 자신의 목표와 방향성에 반대되는 콘텐츠 및 의견을 피하고자 유튜브 등 소셜 미디어를 멀리하는 것은 득보다 실이 더 클 수도 있지 않겠냐고 지적할 수 있다. 그러나 소셜 미디어를 잠시간이나마 멀리 해야 하는 더 큰 이유가 있다.

 최근 실리콘밸리에서는 '도파민 단식'이 유행하고 있다. 도파민이란, 신경전달물질 중 하나로 뇌에서 보상, 쾌락을 관장하는 시스템에 관여한다. 대표적인 기능은 즐거움과 쾌감에 대한 신호를 전달해 결과적으로 행복감을 느끼게 하는 것이다. 문제는 이 도파민이 과분비되면, 뇌는 거기에 적응해버려 같은 자극이 주어졌을 때의 만족감이 하락한다는 것이다. 다시 말해, 비슷한 수준의 행복감을 얻기 위해 더 큰 자극을 추구하게 된다. (마치 마약이나 도박처럼!) 이런 현상이 지속되면, 더 많은 도파민을 분비하기 위한 인위적인 자극만을 추구하게 되고, 결과적으로 인생의 중요한 목표와 가치를 소홀히 대하게 된다는 우려가 제기되고 있다. 노파심에 단서를 달지만, 도파민 자체가 나쁜 것은 절대로 아니다. 다만 현대사회는 도파민 과분비를 유도하는 것들도 가득 차 있다는 점이 핵심이다. 여기서 어떤 이는 도파민 분비를 줄여야 한다는 의견에는 동의하지만, 소셜 미디어만이 도파민 분비를 유도하는 건 아니지 않냐고 말할 수 있다. 맞는 말이다. 실제로 실리콘밸리에서 유행하는 몇몇 도파민 디톡스 매뉴얼을 찾아보면, 상당한 기간 맛있는 음식을 일절 먹지 않기와 같은 등의 항목도 있다. 그러나, 소셜 미디어가 현대사회에서 도파민을 지나치게 많이 분비하게 만드는데 가장 큰 영향을 주는 요소 중 하나임에는 틀림이 없다. 심지어 아이폰의 아버지 스티브 잡스 역시 생전에 자녀들에게 아이패드를 사용하지 못하도록 한다고 말한 적이 있으며, 실리콘밸리의 모 사립학교에서는 학생들이 그 어떤 스마트 기기도 가지고 다니지 못하도록 규율을 정해놓기도 했다. 참고로, 이 학교 학부모의 3/4은 실리콘밸리의 임원들이라고 한다. 아이폰, 아이패드, 각종 소셜 미디어와 직간접적으로 연결되 사람들이 그들의 자녀가 스마트 기기를 사용하는 것에 달가워하지 않는 이유는 무엇일까? 깊이 생각해 보지 않아도 충분히 짐작할 수 있는 일이다.

시각화의 유익함의 원천 중 하나는 신경 가소성으로 인한 뇌의 변화이다. 신경 가소성은 앞에서 살펴보았듯 반복된 행위로 인한 뇌의 변화 가능성을 말한다. 도파민 분비를 위해 더 강한 자극만을 추구하다 보면, 애써 최적화시킨 뇌가 다시 또 어떤 형태로 변해버릴지 모르는 일이다. 시각화를 꾸준히 실천하는 동안 슬럼프에 빠진다면, 적어도 잠시간은 소셜 미디어를 멀리 해야 하는 이유가 바로 여기에 있다.

대응의 기술 3 - 작은 승리 누적하기

대응의 기술의 마지막은 생활 속에서 아주 작은 승리를 만들고, 누적하는 것이다. 대응의 기술이 필요한 순간, 그러니까 시각화를 꾸준히 해나가면서 포기하고 싶고, 그만두고 싶어지는 순간은 크게 세 가지였다. 실패를 경험했을 때, 유익하지 않은 외부 소음을 접할 때, 그리고 아무런 변화를 느끼지 못해 갑갑할 때이다. 시각화를 꾸준히 하는데 삶에서 아무런 변화도 없는 것처럼 느껴진다면 갈증을 느끼게 되는 것은 당연하다. 이럴 때일수록 필요한 것이 작은 승리, 작은 성취감이다.

윌리엄 맥레이븐 미 해군 대장은 2014년 텍사스주립대학교 졸업 연설을 '세상을 바꾸고 싶다면, 이불을 먼저 개라.'라는 말로 시작했다. 그는 매일 아침 침대를 잘 정리하는 것은 그날의 첫 번째 과업을 완수하는 것이며, 이것은 다음 과업을 수행할 용기를 준다고 강조했다. 또 그는 혹시라도 비참한 하루를 보냈더라도 집에 돌아와 깔끔하게 정리 정돈된 침대를 보게 되면, 역시 내일을 다시 살아갈 용기를 얻을 수 있다고 했다. 이렇게 사소해 보이는 일을 제대로 마무리한다는 작은 성취감이 쌓이고 쌓여 세상을 바꿀 수 있다는 그의 졸업 연설은 전 세계 수천만 명을 감동시키고 또 영감을 주었다. 일상 속에서 작은 승리, 작은 성취감을 맛보게 되면, 시각화의 매너리즘 또는 슬럼프를 타파할 수 있다. 윌리엄 맥레이븐 장군의 말대로 작은 승리, 작은 성취감은 그다음 과업에 도전할 용기를 주기 때문이다. (그다음 과업이란 당신의 생각대로 시각화에 다시 한번 집중하는 것이다!)

작은 승리, 작은 성취감을 얻는 것은 사실 어렵지 않다. 자신의 노력이 100% 반영되는 활동을 찾아 수행하면 된다. 삶의 소소한 모습에서 통찰을 찾아내는 허지웅 작가는 청소를 열렬히 사랑하는 매니아로도 유명한데, 언젠가 한 번 모 TV

프로그램에서 청소를 좋아하는 이유를 밝힌 적 있다. 그에 따르면, 세상의 많은 것들 중에서 노력한 만큼 결과가 나오는 것은 매우 드문데, 노력한 만큼 산뜻한 결실을 맛볼 수 있는 것이 바로 청소라고 한다. 청소는 자신이 신경을 쓰고, 에너지를 들이는 만큼 주변이 깨끗해지는 결과가 나온다. 단조로운 일상이 지속되어 동기부여가 떨어질 때 필요한 작은 성취가 바로 이런 것이다. 오늘 하루 집을 깨끗이 청소했다는 것, 오늘 하루 운동을 했다는 것, 오늘 하루 스스로와의 약속대로 1시간 동안 자기 계발을 위해 공부했다는 것 등등이 모두 우리 삶의 작은 승리가 될 수 있고, 작은 성취감을 가져다줄 수 있다.

운동은 그 무엇보다 단조로운 일상의 강력한 추진력이 된다. 너무 거창한 운동이 아니어도 충분하다. 하루에 10분만 달리는 것도, 팔굽혀펴기를 20개만 하는 것, 플랭크를 단 1분만 하는 것도 충분히 성취감을 주고, 한 발 한 발 성공을 향해 앞으로 나아가게 만드는 촉매이다. 사실 운동은 단순한 성취감 이상의 기능을 하고 있다. 운동 자체가 기분을 좋아지게 만들기 때문이다. 21세기 들어서 인간의 마음에 대한 연구가 활발하게 이루어지면서 많은 문제를 마음의 관점에서 해결하려는 시도가 있다. 물론 인간의 정신과 마음이 여러 문제를 해결할 수 있는 것은 맞지만, 때로는 이러한 접근이 오히려 지름길을 두고 에둘러 가게 만드는 경우가 되기도 한다. 이를테면, 경미한 불쾌감이나 우울감은 특별한 심리적 접근과 조치가 아니더라도 운동을 통해 충분히 해결할 수 있다. (우울증이 아닌 경미한 우울감일 경우에 한해서라고 확실히 밝혀둔다) 시각화를 꾸준히 실천하고 노력하는데, 삶에서 아무런 변화도 일어나지 않는 것 같아서 처지고 의욕이 없다면, 옷을 갈아입고 동네 공원을 한 바퀴 뛰어보는 것을 추천한다. 달리기가 익숙하지 않다면, 조금 빠른 걸음으로 걸어도 되고, 아예 등산을 가보는 것도 좋다. 땀을 흘린 뒤 집에 돌아와 샤워하고 나면, 한결 기분이 나아지고, 의욕이 생기는 것을 경험하게 될 것이다.

　삶에 도움이 되는 유익한 습관을 새롭게 만들어 보는 것도 성취감을 얻기에 좋은 방법이다. 많은 사람이 도전하는 미라클 모닝이 대표적이다. 졸린 눈을 비비며 아침 일찍 일어나

생산적인 활동을 하는 것은, 그 활동이 무엇이든 간에, 그 자체로 성취감을 준다. 만약 혼자서 하기가 어렵다면, 각종 애플리케이션 서비스의 도움을 받아보도록 하자. 매너리즘과 슬럼프는 사실 시각화를 실천해나가는 과정에서 수도 없이 겪을 수 있는 일이다. 그때그때 매너리즘과 슬럼프를 유발하는 요인에 적절히 대처하기 위한 기술을 소개했지만, 가장 중요한 것은 진부하기는 해도 초심을 잃지 않는 것이다. 시각화를 처음 해 보려고 했을 때 품었던 목표를 어떻게든 달성하겠다는 의지, 현재 상황에서 어떻게든 한 발짝 나아가겠다는 열망을 되새겨야 한다. 그리고 더 센싱 5단계 로드맵의 1, 2, 3단계를 새로운 마음으로 다시 읽어보면서 혹시라도 자기만의 방식을 고안하여 실천하는 과정에서 소홀히 한 것이 있지는 않은지 돌아봐야만 한다. 자신에게 깊은 감동을 주는 영화를 다시 보거나, 책을 읽는 것도 다시금 의지를 다질 수 있는 방법이 될 수 있다.

더 센싱 5단계 로드맵 중 Step 4 대응 총정리

시각화를 실천하는 과정에서 포기하고 싶어지는 때가 한 번쯤은 반드시 찾아온다. 매너리즘에 빠지거나 슬럼프를 겪을 때 시각화를 그만두지 않고, 꾸준히 실천해나가는 데 도움을 주는 몇 가지 기술이 있다.

1) 실패를 시련화하라 : 실패가 반복되면 시각화를 비롯한 모든 노력이 효과가 없다고 여기게 되고 포기하게 된다. 이럴 때 실패를 성공으로 가는 길에서 반드시 거쳐야 하는 시련으로 인식하는 기술이 필요하다.

   ① 실패에 대해 객관적으로 기술한다.

   ② 실패를 통해 배운 것을 정리한다.

   ③ 실패의 교훈을 토대로 향후 유사한 상황에서 다르게 행동할 수 있는 부분을 정리하여 체크리스트를 만든다.

2) 외부 소음을 줄여라 : 유튜브를 비롯하여 페이스북, 인스타그램, 트위터 등 소셜 미디어는 유익한 정보를 줄 때도 있으나, 그렇지 않은 경우도 많다. 아무리 유익한 정보라도

실천으로 이어지지 않으면 무의미한데, 유익한 정보로 보이는 것이 많아지면 이것에 집착하게 된다. 또한, 과도한 도파민 분비로 정말 중요한 목표에 대한 집중력이 흐트러질 수도 있다.

① 상당한 기간 동안 소셜 미디어를 멀리하는 도파민 단식을 실행하라.

3) 작은 승리와 작은 성취감을 만끽하라 : 실패는 하지 않지만 특별한 성공도 없는 단조로운 일상이 지속되어 지친다면, 작은 성취감을 느껴 삶의 동력으로 만들어야 한다. 사소한 일을 완벽하게 수행해 내는 것은 그 다음 일을 잘 해낼 수 있는 용기를 주고, 이것은 시각화 슬럼프 탈출에 큰 힘이 된다.

① 청소와 주변 환경 정리 정돈은 작은 성취감을 얻기 가장 손쉬운 방법이다.
② 매일 매일 조금이나마 꾸준히 운동하는 것 역시 삶의 강력한 동력이 되는 작은 승리이다.

③ 유익한 습관을 새롭게 만들어 보는 것 역시 시각화를
   포기하지 않고, 지속하는 데 도움이 된다. 무엇보다 초
   심을 되새겨라.

어떻게든 지금보다 한 발짝 앞으로 나아겠다는 마음, 목
표를 기필코 이루고야 말겠다는 결심을 다시 한번 떠올
려라.

도약
Leap

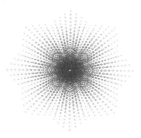

더 센싱 5단계 로드맵의 마지막 단계는 '도약'이다. '도약' 단계는 사실 관점에 따라서는 흔히 알고 있는 시각화와는 무관하게 여겨질 수 있다. 부정적인 잠재의식을 긍정적인 방향으로 바꾸고, 구체적인 목표를 상상하는 것. 이것이 기존에 알려져 있는 시각화이다. 이 시각화를 꾸준히 하다가 포기하고 싶어지고, 그만두고 싶어질 때, 현명하게 대처하는 단계가 대응이다. 그렇다면 '도약'은 무엇일까? '도약'은 시각화를 본격적으로 실천하고자 세운 목표 이상의 것을 달성하기 위한 단계이며, 시각화로 성공한 이후를 염두에 두는 단계이다. 시각화로 만들어 낸 성공이라는 결과물을 장기적으로 이끌어 나가기 위해서는 두 가지가 필요하다.

창조성

첫 번째는 창조성을 발휘하는 것이다. 창조성에 대해 알아보기 위해 『성공의 공식 포뮬러』라는 책의 내용을 살펴보자. 이 책은 너무나 흔해 빠진 자기계발서처럼 보이는 평범한 제목과는 다르게 복잡계 네트워크 이론의 전문가인 앨버트 라슬로 바라바시(Albert Laszlo Barabasi 대학교수)가 빅데이터 분석을 통해 '성공을 만들어 내는 방식'에 대해 과학적으로 접근한 탁월한 저서이다. 『성공의 공식 포뮬러』에서 제시하는 성공의 공식은 5가지가 있는데, 이중 마지막 공식에 집중해보고자 한다. 마지막 공식은 다음과 같다.

$$\text{'Q-요인'} \times \text{끈기} \times \text{노력} = \text{장기적 성공}$$

위 공식을 이해하기 위해서는 몇 가지 용어를 이해해야 한다. 앨버트 라슬로 바라바시 박사가 이끄는 연구팀은 어떤 프로젝트, 과업의 단초가 되는 아이디어의 가치를 'r'이라고 정의했다. 소위 말하는 신선하고 좋은 아이디어는 'r' 값이 큰 것이다. 'r'은 창의성이라고 볼 수 있다. 그리고 이 'r'의 가치를 현실 세계에 구현하는 능력을 'Q-요인'이라고 정의한다. 정리하자면, 스타트업에 도전할 때, 많은 창업자들이 '대박 아이템'이라고 생각하는 아이디어를 품고 있다. 이 아이디어가 실제로 구현되었을 때 세상에 끼치는 영향력은 'r'이다. 그리고 이 아이디어를 실제 제품 또는 서비스로 만들어 낼 수 있는 능력이 'Q-요인'이다. 즉, 'Q-요인'은 무언가를 창조해 내는 능력, 창조성이라고 할 수 있다. 문제는 연구팀에 따르면 'Q-요인'은 생애 주기에 걸쳐 크게 변화하지 않는다는 것이다. 따라서, 타고나길 막강한 'Q-요인'을 갖고 있는 사람은 그저 그런 아이디어를 가지고도 제법 괜찮은 성과를 낼 수 있으나, 'Q-요인'이 뛰어나지 않은 사람은 탁월한 아이디어를 가지고도 상대적으로 저조한 성과를 내게 된다는 것이다. 이 'Q-요인'은 영역마다 다르게 작동한다. 가령, A라는 사람의 'Q-요인'은 미술 영역에서는 탁월한 성과를 낼 수 있지만,

과학 영역에서는 힘을 쓰지 못할 수도 있다는 이야기다. 그렇기 때문에 앨버트 라슬로 바라바시 박사는 자신의 'Q-요인'이 빛을 발할 수 있는 분야를 먼저 찾을 것을 권한다.

만약 자신의 'Q-요인'이 뛰어나지 않다고 판단되면 어떻게 해야 할까?『성공의 공식 포뮬러』에서 제시하는 방법은 끈기 있게 꾸준히 노력하는 것이다. 'Q-요인×끈기×노력＝장기적 성공'이라는 공식에서 'Q-요인'을 제외한 다른 것들을 끌어올리는 것이다. 그런데, 이 '끈기'와 '노력'에는 여러 가지 형태가 있겠으나, 우리가 지금 집중적으로 탐구하고 있는 시각화라는 것 자체가 '끈기'와 '노력'의 일부이다. 즉, 더 센싱 5단계 로드맵의 1, 2, 3, 4단계를 통해 장기적 성공을 위한 '끈기'와 '노력' 요소를 최대한 끌어올리고 있는 것이다. (정확히 구별하자면, 1, 2, 3단계는 '노력'에 해당하고, 네 번째인 대응 단계는 '끈기'에 해당한다고 볼 수 있을 것이다.) 더 센싱 5단계 로드맵의 마지막 '도약' 단계는 이 'Q-요인'을 끌어올리는 방법을 고민하는 것이다. 비록 앨버트 라슬로 바라바시 박사의 연구팀은 철저한 빅데이터 분석을 통해 인간의 'Q-요인'은 나이나 경력에 상관없이 크게 변치 않는다는 충격적인(!) 사실을 발견했지만, 조금이라도 'Q-요인', 즉 창조성을 증가시키는 방법은 없을까?

응용수학자이자 생명공학자이면서 하버드대학교에서 창조성을 강의하는 데이비드 에드워즈(David Edwards 발명가)는 흡입형 초콜릿, 식용 포장지, 디지털 향수 등을 만들어 낸 창조적인 발명가이다. 그의 저서 『창조성에 관한 7가지 감각』은 창조성을 계발하기 위한 영감을 주는 놀라운 책이다. 그가 강의하는 창조성은 문학이든, 예술이든, 과학이든, 비지니스든 분야를 막론한다. 그는 창조성을 산업 영역에 따라 분류하는 대신 목적에 따라 세 가지로 분류한다. 시장의 요구를 포착하고 이를 충족시키는 상업적 창조, 사람들의 삶의 방식에 영향을 끼치기 위해 개인적인 경험과 취향을 드러내는 문화적 창조 그리고 순수하게 미학적 즐거움을 추구하는 미학적 창조이다. 미학적이라는 단어에서 오해를 불러일으킬 수 있는데, 그의 분류에 따르면 제임스 다이슨의 청소기, 일론 머스크의 전기차 역시 미학적 가치를 추구하는 미학적 창조에 해당한다. 데이비드 에드워즈가 이 셋 중 가장 중요하게 생각하는 것은 미학적 창조이다. 상업적 창조에는 지속 가능성이 결여되어 있고, 문화적 창조는 개인의 만족 이상으로 나아가기 어렵기 때문이다. 미학적 창조를 추구하는 것 자체가 꾸준한 창조의 원동력이 될 수 있다.

여기서 우리는 창조성을 계발하기 위한 한 가지 단서를 찾을 수 있다. 아이디어를 구현해 낼 때 단순히 상업적 요구에 따라서 또는 문화적 영향력을 행사하기 위한 것 이상의 이유가 있어야 한다. 스티브 잡스나 일론 머스크처럼 자신의 아이디어의 미학적 가치를 극대화하는 창조를 추구해야만 한다. 그가 강조하는 7가지 감각은 열정, 공감, 직관, 순수함, 겸손, 미학적 지능 그리고 집요함이다. 이 중 앞의 5가지는 창조를 위한 아이디어를 떠올리고 무엇을 해야 할지 탐색하는 과정에서 필요한 감각이다. 데이비드 에드워즈는 창조를, 아이디어를 떠올리는 아이디에이션 단계, 무엇을 해야 할지 탐색하는 실험 단계 그리고 만든 것을 가지고 노는 표현 단계로 구분한다.

우리가 주목하는 창조성은 아이디어를 실제로 구현하는 능력이다. 즉, 표현 단계의 창조성을 의미하며, 여기서 필요한 감각은 미학적 지능과 집요함이다. 여기서 두 번째 단서를 포착할 수 있다. 아이디어를 실제로 구현해 내는 능력을 계발하기 위해서는 미학적 지능과 집요함이 필요하다. 『창조성에 관한 7가지 감각』에서 정의하는 미학적 지능은 미학적 언어를 인식하고 해석하는 능력이다. 계속 반복하지만 여기서 말하는 미학은 예술을 의미하지 않는다. 가령, 멋진 자동차를 만들고 싶다면 '멋진 자동차'가 무엇인지, 자동차의 세계에서 멋과 아름다움은 무엇인지를 이해하는 능력을 의미한다. 이를 기르려면 어떻게 해야 할까? 일단 많이 보고, 연구하는 것에서부터 시작해야 할 것이다. 집요함이란 자신의 아이디어를 지키고자 하는 본능이다. 적당히 타협해서 구현해버리지 말고, 완벽함에 도달할 때까지 최선을 다하는 것, 흔히 말하는 장인정신이 집요함이다. 이것을 기르는 방법에는 무엇이 있을까? 자신의 아이디어를 사랑하는 자세에서 비롯되지 않을까? 데이비드 에드워즈는 수월한 미학적 창조를 위해 협력의 중요성을 일깨우며 책을 마무리한다. 협력이야말로 창조성의 대가가 던져주는 창조성 계발을 위한 마지막 단서이다. 그에 따르면 우리는 협력을 통해 아이디어를 실제로 구현해 낸 창조물의 규모와 범위 등을 확대할 수 있다. 놀라운 사실을 하나 덧붙이고 싶다. 『성공의 공식 포뮬러』의 앨버트 라슬로 바라바시 박사 역시 'Q-요인'을 100% 활용하기 위한 방법으로 협업을 제시하였다. 그렇다. 열린 마음으로 다른 사람들과 적극적으로 교류하는 것이야말로 우리의 창조성을 계발하고 또 십분 활용하는 방법이다.

창조성을 계발하기 위한 기술로 보다 실질적인 연습 방법을 하나 제시하고 싶다. 다름 아닌 글쓰기이다. 글쓰기가 창조성을 계발하기 위한 특효라는 주장에는 확실한 근거가 있다. 글을 쓰는 행위 자체는 머릿속에만 있는 아이디어를 최초로 논리를 갖춘 유형의 텍스트로 구현하는 일이다. 무형의 아이디어를 유형의 것으로 구현하는 과정에서 창조성을 연습할 수 있다. 실제로 많은 아이디어들이 글로 써보면 그 실체를 드러낸다. 번뜩이는 것처럼 보이는 아이디어를 막상 글로 써보면 별 볼 일 없어 보이는 경우가 있다. 그러나 이렇게 별 볼 일 없어 보이는 글에서부터 하나씩 다른 아이디어를 덧붙여 가며 창조의 길을 걸어갈 수 있다.

또한, '글'이라는 것은 기본적으로 논리적 결합의 결과물이다. 머릿속에 맴도는 아이디어는 대단히 파편적인데, 이것을 글이라는 형태로 옮기는 과정에서 논리를 검토할 수 있으며, 논리적으로 빈약한 부분을 보충할 수 있다. 이렇게 논리적으로 빈약한 부분을 보충하는 행위 자체가 창조의 일환이다. 따라서 아이디어가 떠오른다면, 일단 그것을 글로 옮겨 적는 연습을 해 보길 권한다. 창조성을 위한 글쓰기에는 정해진 룰이 없다. 그저 떠오르는 아이디어를 바로바로 백지에 적어 내려가면 된다. 아이디어가 생길 때 바로 글로 옮길 수 있도록 주변에 백지와 펜을 비치해 두는 것도 좋은 전략이다.

실리콘밸리의 어느 카페에는 창업가들이 많이 방문하는 까닭에 커피를 마시던 중 떠오른 생각을 바로 적을 수 있도록 테이블보를 넓은 전지로 대체하였다고 한다. 글쓰기 역시 시각화와 마찬가지로 더 잘 쓰기 위한 방법론을 고민하는 것보다 일단 쓰는 것이 훨씬 더 중요하고, 유익하다. 처음에는 머릿속에 있는 생각을 글로 풀어놓는다는 게 어색하고 낯설고, 잘 되지 않을 수 있다. 한 가지 조언을 하자면, 한편의 완성된 글을 쓰는 것을 목적으로 하기보다는 머릿속에 있는 아이디어의 덩어리들을 구현하는 글을 쓴다고 생각하고 접근해 보라. 가령, 머릿속에 'A'라는 아이디어가 있다면, 'A'를 완벽히 표현하는 한편의 글을 완성하는 것이 아니라, 일단은 'A'의 장단점, 'A'를 구현하고 싶은 나만의 이유, 'A'의 가치, 'A'에 대한 핵심 내용 3줄 등등으로 나누어 먼저 글을 작성하는 것이다. 이렇게 작성한 덩어리들을 나중에 한데 묶어 한편의 글로 완성하면 된다. 일단은 아이디어를 최소 단위까지 작게 나누어 글로 작성하는 것부터 시작하라. 꾸준한 글쓰기를 지원하는 여러 가지 프로그램, 챌린지 또는 콘텐츠를 참고해 보는 것도 좋다.

뛰어난 예술가이자 거의 세계 최초로 창조성 계발을 위한 워크숍을 시작했던 줄리아 카메론은 자신의 창조성 강의를 집대성하여 『아티스트 웨이』라는 필생의 역작을 탄생시

켰고, 이 책은 전 세계적으로 선풍적인 인기를 끌었다. 『아티스트 웨이』는 12주에 걸쳐 창조성을 기르기 위한 글쓰기 프로그램인데, 기본적으로 예술적 창조를 목표로 하지만, 분야를 막론하고 도움을 받을 수 있는 책이다. 예술가는 물론 변호사, 비지니스맨, 주부 등 다양한 사람들에게 그 효과를 톡톡히 인정받았다. 그 결과 수많은 기업과 단체에서도 그녀의 프로그램을 채택하였고, 컬럼비아대학교에서는 정규 강좌로 신설되기도 했다.

분별력

시각화로 일군 성공을 장기적으로 가져가기 위해 필요한 첫 번째 준비물은 창조성이었다. 두 번째는 분별력이다. 분별력은 시각화의 효과를 분별해 내는 능력을 의미한다. 잠재의식을 정화하고, 긍정성을 강화한 뒤, 시각화를 꾸준히 실천하여 조금씩 유의미한 성공을 만들어가다 보면, 자신감도 붙고, 원하는 것을 모두 이룰 수 있을 것 같다는 생각마저 드는 순간이 있다. 이런 순간에 자만하게 되면, 성공이 오래가지 못하리라는 것은 불 보듯 뻔하다. 따라서 분별력이란 크게 두 가지 능력을 의미하는데, 우선은 시각화의 결과로 나타난 성공이 자신의 실력 때문인지 아니면, 외부적인 운의 요소인지 구별하는 것이다. 물론 시각화 자체가 운을 보다 잘 인식하게 만드는 힘이 있긴 하지만, 이것을 잘 분별하지 못하면, 오로지 자신의 실력으로 모든 성과를 내는 것이라고 자만하게 될 우려가 있다. 두 번째는 시각화 과정에서 자신에게 다가오는 많은 것들이 있다. 소위 말해 끌어당김의 법칙의 결과처럼 보이는, 불쑥불쑥 우리의 삶에 나타나는 것들이 많이 있을 텐데 이것들이 모두 의미가 있고 중요한 성과인지 분별해 내야 한다. 어떤 것들은 당장은 달콤한 열매처럼 보이나, 시간이 지나고 보면 오히려 성공을 방해하는 것이었던 경우가 있고, 또 어떤 것들은 그 반대의 경우도 있다. 실패처럼 보이는 것이 시간이 흐른 뒤 성공의 초석이 되는 모습이다. (이러한 실패를 다루는 기술은 이전 챕터에서 다루었다) 더 센싱 5단계 로드맵 중 '대응' 단계는 시각화를 실천하는 과정에서 실의에 빠질 때, 즉 부정성의 신호가 들려올 때 대처하는 단계였다면, '도약' 단계는 (정확히는 '도약' 단계에서 계발하는 분별력은) 과한 긍정성의 신호가 들릴 때 성공의 기쁨에 취해 안주

하지 않고, 더 높은 차원으로 뛰어오르기 위한 전략이다.

더 센싱의 성공 분별하기

　블루마운틴 캐피털 매니지먼트의 리서치 센터장이자 컬럼비아대 경영대학원에서 투자론을 가르치는 교수인 마이클 모부신(Michael Mauboussin 교수)은 『운과 실력의 성공 방정식』이라는 저서를 통해 자신이 일군 성공이 운의 영향이 큰지, 실력의 영향이 큰지 구분하는 효과적인 방법을 알려준다. 그가 제시하는 방법은 비교적 단순하지만 무척 효과적이다. 바로 의도적으로 패배할 수 있는지를 생각해 보는 것이다. 만약 당신이 달성한 목표를 의도적으로 실패할 수 있다면, 그것은 실력이 아주 중요한 영역이다. 이 책이 주로 다루는 영역인 비지니스 영역을 생각해 보라. 비지니스 영역은 성공하기가 엄청나게 어렵기 때문에 실패를 하는 일이 부지기수이다. 그런데 이 실패라는 결과가 의도한 것인지 아닌지를 따져보라는 것이다. 한마디로 어떤 과정과 결과를 스스로 컨트롤을 할 수 있는지 냉정하게 돌아보면, 자신이 만들어낸 결과가 자신의 실력으로 비롯된 것인지 아니면, 운이 좋아서인지 알 수 있다. 이렇게 돌아보는 과정이 필요한 이유는 간단하다. 겸손함을 잃지 않기 위해서이다. 한 가지 유의할 것은 자신의 성공을 무조건 운으로 돌리고 자신의 실력을 애써 낮추려 할 필요는 없다는 것이다. 마이클 모부신은 다른 사람의 판단과 일치해야만 자신의 판단이 옳은 것은 아니라고 강조한다. 자신이 엄정한 과정을 거쳐 얻은 데이터를 기반으로 합리적인 추론을 했다면, 다른 사람의 생각과는 무관하게 자신의 판단이 옳은 것이다. 이렇게 자신의 성공을 주변 사람들의 의견에 휘둘리지 않고 비교적 객관적으로 바라볼 수 있을 때, 자신의 성공을 과소평가하거나, 과대평가하지 않고, 묵묵히 더 앞으로 나아갈 수 있는 것이다. 그렇다면 '엄정한 과정을 거쳐 얻은 데이터를 기반으로 하는 합리적인 추론'은 어떤 것일까?

무엇보다 자신이 집중하고 있는 영역의 근본적인 속성을 파악해야 한다. 세 가지 질문을 던져보라. 자신이 집중하고 있는 영역은 인과 관계가 명확한 영역인가? 평균 회귀 경향이 높은가? 이 두 질문은 사실상 같은 의미이다. 행동과 결과

사이에 명확한 관계가 없다면, 그 행동을 무한대로 반복했을 때 결과의 값은 평균으로 회귀하게 될 것이다. 동전을 무한대로 던지는 경우를 생각해 보라. 동전의 앞이 나올 확률은 결과적으로 1/2이 된다. 이것이 평균 회귀 경향이다. 마지막으로 전문가 예측의 정확도가 높은가? 이 세 가지 질문이 충분한 표본의 크기와 만난다면, 자신이 성공과 실패를 경험하는 영역, 자신이 집중하는 분야가 실력과 운 중 무엇이 더 중요한지 비교적 정확하게 파악할 수 있다. 충분한 표본의 크기라는 말이 의미하는 바는 쉽게 말해 한두 가지 사례를 가지고 판단해서는 안 된다는 의미이다. 상당한 수의 사례를 기반으로 판단해야 정확도가 올라간다. 실력이 중요한 영역은 인과 관계가 분명하고, 전문가 예측의 정확도가 높다. 반면 운이 중요한 영역은 인과 관계가 불분명하고, 전문가 예측의 정확도가 떨어진다. 자신이 성공을 이뤄낸 영역이 어떤 영역인지 확인하라. 이것만으로도 자신의 성공을 제법 객관적으로 바라볼 수 있게 될 것이다.

더 센싱 과정에서 얻게 되는 성과 분별하기

'더 센싱 5단계 로드맵'의 마지막 단계에서도 가장 마지막 꼭지인 '5단계 로드맵 과정에서 얻게 되는 성과 분별하기'는 일견 잘 와닿지 않을 수 있다. 시각화 과정에서 얻게 되는 것들을 분별해야 한다니? 사실 여기서는 시각화라는 말보다는 '끌어당김의 법칙'이라는 말이 더 적합할 수 있다. 시각화를 꾸준히 실천해나가다 보면 조금씩 긍정적인 변화가 생긴다. 이 긍정적인 변화들은 본래 달성하려던 목표와는 직접적인 연관이 없지만, 어떤 의미에서든 우리의 삶을 조금 더 발전된 방향으로 이끌어간다. 마치 끌어당김의 법칙의 결과처럼 느껴진다.

의류를 판매하는 쇼핑몰을 열심히 운영해서 부자가 되겠다는 목표를 갖고 시각화를 실천하며 노력하고 있는 J의 예시를 생각해 보자. J는 시각화에 걸맞은 행동도 충분히 취하고 있다. 쇼핑몰 운영에 전심전력으로 집중하는 것은 물론, 틈날 때마다 의류 쇼핑몰의 운영 노하우 등을 찾아보고, 멘토를 찾아다니고, 관련된 서적을 탐독한다. 그러다 보니, 새롭게 눈이 뜨이는 것이 있다. 요즘 비건 식품이 뜨고 있으며, 이 시장에는 아직 경쟁자가 많이 없다는 고급 정보를 입수한 것이다. J는 고민하기 시작한다. 의류를 계속 다루는 것보다 새롭게 비건 식품에 도전하는 것이 합리적인 선택이 아닐까? 지금 비건 식품 유통에 대해 알게 된 것은 하늘이 내려준 기회가 아닐까? 새로운 사업 기회를 알게 된 것은 역시 시각화 실천의 결과라고 믿게 된다. 그리고 오래도록 지속해온 의류 사업의 비중을 줄여가며 비건 식품 유통에 도전한다. J의 이런 선택의 결과는 어떨지 아무도 모른다. 예컨대, J가 비건 식품 유통으로 대박을 칠수도 있고, 말 그대로 처절한 실패를 경험하고, 그 과정에서 그럭저럭 유지하던 의류 사업에도 큰 타격을 입을 수도 있다는 것이다.

위와 같은 경험은 누구나 한 번쯤 겪을 수 있는 일이다. 굳이 시각화를 실천하지 않는 사람도 충분히 겪을 수 있다. 열심히 노력하던 중에 찾아낸 또는 알게 된 것이 마치 새로운 기회처럼 여겨지는 것은 당연하다. 문제는 현재 상황이 불만족스러워 열심히 노력하는 사람일수록 이렇게 불쑥 찾아온 것을 긍정적으로 평가할 가능성이 높다는 것이다. 자신이 열심히 노력해온 대가로 얻게 된 것이므로, 그것을 선택하고 더더욱 열심히 노력하게 된다. 그러나 시간이 지난 뒤에 이 선택을 돌아보면 별로 현명하지 않았던 경우가 있다. 가령, 위의 사례에서 J가 비건 식품 유통으로 제법 돈을 벌게 된 시점에서 돌아보면, 차라리 의류에 집중했던 것이 결과적으로는 더 나은 결과를 만들지 않았을까 생각하게 되는 것이다. 이렇게 더 센싱의 과정에서 끌어당겨져 온 것에 대해 검토하는 몇 가지 방법이 있다.

첫째, 이 책의 'Step 1 정화'에서 다뤘던 '시스템 1'의 특징을 다시 한번 떠올리는 것이다. '시스템 1'은 인과 관계를 만들기를 좋아한다. 즉, 어떤 기회가 찾아온 것은 자신이 노력한 결과라고 인과 관계를 만든다는 것이다. (물론 실제로 그런 경우도 있겠으나), 이렇게 어떤 것에 자신의 노력의 결과라는 가치를 부여하기 시작하면, 애착이 생기고, 그렇게 되면 자동적으로 그것에 더 끌리게 된다. 따라서 자신의 노력의 결과가 아니라, 그냥 무작위로 나타난 선택지라는 사실을 명심해야 한다. 둘째, 자신의 현 상황을 돌아봐야 한다. 자신이 현재 성과가 나지 않아 무의식중에 지루함을 느껴 새로운 방법을 찾고 있는 것은 아닌지 체크해야 한다. 꾸준히 노력을 하고 있는데, 성과를 내지 못해 답답한 상황만큼 새롭게 알게 된 것이 매력적으로 보이는 상황이 없다. 만약 그런 상황이라면, 대응 단계로 돌아가자. 셋째, 자신에게 끌어당겨져 온 것 (다른 말로, 자신이 우연히 알게 된 것, 찾은 것)의 종류를 살펴봐야 한다. 그것이 정말 나에게 명확한 혜택을 주는 기회인지, 아니면 단순히 목표 달성을 위한 새로운 길을 알려주는 '방법론'인지 확인하라. 손해 볼 것이 없는 기회라면 당연히 붙잡아야 하고, 단순히 목표 달성을 위한 또 하나의 방법 또는 정보라면 자신이 해당 방법론을 수행함으로써 어떤 것을 포기해야 하는지 검토해야 한다. 넷째, 자신만의 일관성 있는 원칙을 미리 세워둬야 한다. 어떤 선택을 하면 최소한 어느 정도 기간까지는 밀고 나가보겠다는 것들이 그 예시가 될 것이다. 이런 자신만의 원칙이 있어야 달콤한 유혹의 정보가 넘쳐나는 현대사회에서 묵묵히 자신만의 길을 갈 수 있다. 마지막으로, 협업은 언제나 유익하고, 양질의 피드백을 받는 것은 늘 옳다. 고민이 생긴다면 주변에 자문하라. 다만 피드백을 받을 때는 'Step 1 정화'에서 언급했듯 자신에게 유익한 피드백을 줄 수 있는 상대를 찾아야 한다.

더 센싱 5단계 로드맵 중 Step 5 도약 총정리

더 센싱 5단계 로드맵의 마지막 '도약' 단계는 시각화로 만들어 내는 성과와 성공의 기쁨에 취해버리지 않고, 냉철한 자세를 견지하여 장기적인 성공으로 일구어 내기 위한 단계이다. 이 단계에서는 두 가지 기술을 계발해야 한다.

1) 창조성 발휘하기 : 창조성이란 불현듯 떠오른 아이디어를 유형의 것으로 구체화해내는 능력이다. 창조성을 발휘하기 위해서는 다음을 참고하라.

① 미학적 가치를 극대화하려는 마음가짐을 갖는다.

② 자신의 분야에서의 '미학'을 이해하기 위해 노력하고, 자신의 아이디어에 대해 쉽게 타협하지 않는 자세를 갖춘다.

④ 주변 사람과 협업은 창조성 발휘에 큰 도움이 된다.

⑤ 글쓰기는 창조성을 발휘하기 위한 가장 손쉬운 그러나 매우 효과적인 연습이다.

2) 분별하기 1 : 시각화의 결과로 나타난 성공을 객관적으로 바라보고, 겸손함을 잃지 않아야 한다.

① 자신의 영역에서는 운이 중요한지 실력이 중요한지 파악한다. 이를 통해 자신이 만든 성공을 비교적 객관적으로 바라볼 수 있다.

3) 분별하기 2 : 시각화 과정에서 접하게 되는 '긍정적'으로 보이는 것들의 가치를 잘 분별할 수 있어야 한다.

① '시스템 1'의 특징을 잊지 말라. 뇌는 인과 관계를 만들기 좋아하고, 노력의 결과로 얻어진 것이라고 생각하기 시작하면, 애착이 생겨 그것에 더 끌리게 된다.

② 자신이 성과가 나지 않는 상황에 지루함을 느껴 새로운 것을 갈구하는 것은 아닌지 돌아보라.

③ 자신에 끌어당겨져 온 것이 단순한 정보인지, 확실한 기회인지 따져보라.

④ 자신만의 일관성 있는 원칙을 미리 세우라.

⑤ 주변 사람과 협업하고 피드백을 구하라.

the Sensing은
행동으로 완성된다!

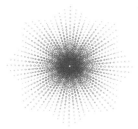

"우리가 무엇을 생각하느냐? 무엇을 알고 있느냐? 무엇을 믿고 있느냐는 별로 중요하지 않다. 중요한 것은 결국 우리가 무엇을 행동으로 실천하느냐이다." – 존 러스킨

이 격언이 정답이다. 행동은 고금 불변의 진리이다. 지금껏 시각화의 실체를 탐구하고, 어떻게 하면 조금 더 효율적으로 실천하며, 그 효과를 극대화할 수 있을지 탐구하기 위해 5단계에 걸쳐 살펴보았지만, 행동하지 않으면 아무런 의미가 없

다. 더 센싱의 각 단계에서 행동의 중요성을 거듭 강조했지만, 이 책의 마지막에서 다시 한번 강조해도 모자람이 없다. 그만큼 행동은 중요하다. 시각화를 하면서 행동이 중요하다는 것은 두 가지 의미가 있다. 시각화 자체를 수행해야 한다는 의미도 있지만, 목표 달성을 위해 필요한 행동 그 자체를 해야 한다는 의미가 더 크고 중요하다. 시각화가 도와줄 수 있는 것은 한계가 있다. 그 한계를 뛰어넘도록 만드는 것은 실천적인 행동밖에 없다.

이 책의 시작은 은행원 H의 사례였다. 뭐든지 하는 것이 다 잘 되는 사람으로 유명한 H는 자신의 비결로 시각화와 '비전 보드'를 꼽았다. 그러나 그가 말하지 않은 것이 하나 있다는 것을 우리는 모두 알고 있다. 바로 행동이다. 실행해야 한다. 행동해야 한다. 많은 사람이 조금 더 수월하게 행동을 취하는 방법을 고민하고, 실행력을 강화하는 기술을 연구한다. 그 대표적인 예시가 습관과 루틴에 관한 책이며, 최근에는 뇌 과학 차원에서도 실행력을 높이는 방법을 연구한다. 인터넷에 그리고 서점에는 수많은 연구 조사 자료가 있으니,

여기에서는 실행에 도움이 되는 아주 간단한 습관 두 가지를 소개하고자 한다.

첫 번째는 『5초의 법칙』을 저술한 작가 멜 로빈스의 조언이다. 그녀는 하기 싫은 일을 해야 할 때는 5, 4, 3, 2, 1 숫자를 거꾸로 세고, 즉시 몸을 움직이라고 말한다. 우리의 뇌는 생각이 행동으로 전환되는 순간, 즉 변화가 일어나야 하는 순간 몸이 우리를 주저시키는 경향이 있다. 즉, 5초 안에 몸으로 어떤 행동을 만들지 않으면, 우리의 뇌에서는 망설임과 주저함이 자라난다. 이것을 예방할 수 있는 길은 망설임과 주저함이 피어오르기 전에 빨리 행동하는 것이다. 간단한 조언이지만 매우 효과가 있다. 관련한 내용은 그녀의 저서 또는 TED 영상에서 확인할 수 있다.

두 번째는 개인적인 경험을 통해 만들어 낸 기술이다. 이역시 매우 간단하다. 가급적 하루의 시작으로 가장 의미 있는 행동을 선택하는 것이다. 재택근무를 하는 프리랜서를 예로 들자면, 아침에 일어나서 (식사, 샤워 등을 마치고) 일을 하기 시작할 때, 기분 전환을 위해 유튜브 영상 한 편을 보고 일을 시작하는 경우와 설령 10분, 15분 뒤에 집중력이 흩어져 딴짓을 하게 되더라도 일단 일 먼저 시작하는 경우의 하루 생산성을 비교해보면, 확실히 후자가 높았다. 개인적인 경험에서 비롯된 방법인 만큼 그 어떤 과학적 근거를 제시하긴 어렵지만, 개인적으로 하루를 보다 의미 있는 행동으로 시작할 때 더욱 충만한 하루를 보낼 수 있었다. 분명히 도움이 될 것이라 확신한다. 이 두 가지 실행력 강화 습관 역시 시각화할 수 있는 대상이다. 특히 두 번째 습관 같은 경우는 전날 자기 직전 다음 날 아침에 일어나서 가장 먼저 할 일을 정하고 그것을 수행하는 모습을 시각화해 볼 수 있다.

시각화는 확실한 근거가 있는 기법이다. 몇십 년 전에는 뇌를 관찰할 수 있는 과학적 기술력이 미흡하여 그 근거를 명확하게 밝히기 어려웠고, 이에 따라 시각화를 둘러싼 교조적인 메시지가 있었다. 무조건 믿고 상상하면 희망하는 바가 이루어질 것이라는 식의 사이비다운 메시지는 각종 마케팅을 통해 확대 재생산 되었다. 그렇기 때문에 시각화라는 것에 이유 모를 반감이 있을 수 있다. 충분히 있을 수 있는 일이다. 그러나, 사이비다운 내용, 온갖 마케팅으로 부풀려진 내용을 섬세하게 발라내어 보면, 시각화는 그저 우리가 삶에서 원하는 것을 성취하도록 돕는 기술일 뿐이다. 그것도 과학적 근거를 탄탄히 갖추고 있는 매우 유용한 기술이다. 우리가 이 기술을 사용하지 않을 이유가 전혀 없다. 어떤 사람들은 이 책에서 제시된 여러 가지 기법 중, 몇몇을 시각화라는 기법과 연결될 수 있다고 미처 생각지 못한 채, 이미 습관처럼 사용하고 있었을 것이다. 시각화는 그만큼 보편적인 기술이기도 하다. 그리고 분명히 효과가 있다.

시각화라는 기법을 배우기 위해 이 책을 집어 든 사람이라면, 대부분 현재 자신이 처한 상황이 불만족스러울 것이다. 그리고 자신이 삶에서 추구하는 바가 있을 것이고, 더 나아가 이루고 싶은 꿈과 목표가 있을 것이다. 그것들은 이따금 아득히 멀게 느껴지겠지만, 종국에는 반드시 이루게 될 것이다. 구체적인 목표를 설정하고, 차근차근 노력해 나간다면, 반드시 원하는 바를 달성할 수 있다. 때로는 불안할 수 있겠으나, 머지않아 성취의 기쁨을 누릴 것이다. 가장 빛나는 별은 지금 간절하게 길을 찾는 너에게로 빛의 속도로 달려오고 있을 거라는 박노해 시인의 시처럼 성공은 조금씩 조금씩 우리 곁으로 찾아오고 있다.

지리멸렬하고, 고되고, 답답했지만, 그 끝에 가서는 원하는 것을 이루었다

이 책을 집필하는 내내 매일 매일 막힘 없이 써 내려가 한 권의 책을 완성하는 나 자신의 모습을 시각화했다. 책을 쓴다는 것은 고된 작업이다. 특히나 이 책을 쓸 당시에는 여러 가지 프로젝트를 병행해야 했기에 한정된 시간을 쪼개고 쪼개야만 했다. 그러다 보니 때때로 벽에 막힌 것처럼 진도가 나가지 못할 때도 있고, 체력적으로 힘에 부칠 때도 있다. 그러나 그런 역경에도 불구하고 멋지게 완성하는 나 자신의 모습을 생생하게 상상하였다. 온갖 일들이 쏟아지지만, 그 모든 것들을 잘 처리해 나가며, 책을 완성하는 모습을 결코 잊지 않았다. 놀라운 사실은 집필 기간의 하루하루를 미시적으로 들여다보면 시각화의 내용과는 다르게 계획을 못 지킨 날도 있고, 글이 잘 써지지 않아 답답함이 가득했던 기억이 나지만, 결과적으로는 애초에 계획한 일정에 맞춰 스스로 만족할 만한 수준의 결과물을 만들었다는 것이다. 누구나 이런 경험을 한 번쯤은 해 본 적이 있을 것이다. 도저히 달성하기 어려울 것 같은 목표를 위해 최선을 다하다 보니, 그 과정은 지리멸렬하고, 고되고, 답답함이 가득했지만, 신기하게도 그 과정의 끝에 가서는 원하는 것을 이뤘던 경험, 그리고 그 과정을 돌아보면 도대체 어떻게 해냈는지 신기할 따름인 경험 말이다. 나는 이 책이 궁극적으로 삶에서 이런 경험을 더 자주 하게 만드는 촉매가 되길 바란다. 매번 책을 펴낼 때마다 겪는 경험이지만, 겪을 때마다 새롭고 경이로운 일이다. 이 책을 쓰는 동안 나에게 자신의 경험을 아낌없이 나누어주고, 조언해주고, 피드백을 준 가족과 친구들에게 감사의 인사를 전한다.

– 이현

의심은 사라지고 부는 가까워지는 감각의 기술
더 센싱 The Sensing

초판 1쇄 2023년 12월 15일

지은이 이현
펴낸이 김용환
펴낸곳 캐스팅북스
디자인 별을 잡는 그물

등록 2018년 4월 16일
주소 서울시 강서구 양천로 71길 54 101-201
전화 010-5445-7699
팩스 0303-3130-5324
메일 76draguy@naver.com

ISBN 979-11-978575-4-6 03190